정치 문화
보드게임북

정치 문화 보드게임북

초판 1쇄 인쇄 2021년 5월 28일
초판 1쇄 발행 2021년 6월 7일

지은이 박찬정
펴낸이 이범상
펴낸곳 (주)비전비엔피·애플북스

기획 편집 이경원 현민경 차재호 김승희 김연희 고연경 최유진 황서연 김태은 박승연
디자인 최원영 이상재 한우리
마케팅 이성호 최은석 전상미
전자책 김성화 김희정 이병준
관리 이다정

주소 우) 04034 서울특별시 마포구 잔다리로7길 12 (서교동)
전화 02) 338-2411 | **팩스** 02) 338-2413
홈페이지 www.visionbp.co.kr
이메일 visioncorea@naver.com
원고투고 editor@visionbp.co.kr
인스타그램 www.instagram.com/visioncorea
포스트 post.naver.com/visioncorea

등록번호 제313-2007-000012호

ISBN 979-11-90147-67-5 14370

도서에 대한 소식과 콘텐츠를
받아보고 싶으신가요?

교육과 만난 보드게임북 시리즈 4

정치 문화
보드게임북

박찬정 지음

애플북스

이 책에 대한 추천사

'재미와 배움'을 동시에 주는 수업, '맛있고 영양가 있는' 수업을 꿈꾸고 있는 선생님들께 박찬정 선생님이 《사회 보드게임북》에 이어 펴낸 《정치 문화 보드게임북》을 적극 추천합니다. 이 책에는 현장에서 다양한 체험 및 게임 활용 수업 등 학생 중심의 활동 수업을 고민하고 수업 나눔을 실천해온 저자의 열정과 도전, 세심함이 그대로 녹아 있습니다. 수업의 준비 과정부터 실천 사례 그리고 활동 자료까지 함께 제시하여 게임 활용 수업을 처음 접하는 선생님도 쉽게 이해하고 실천해볼 수 있도록 구성되어 있으니, 수업의 변화와 성장을 꿈꾼다면 지금부터 동료 선생님과 함께 도전해 볼 것을 권합니다.

조지현 _ 경기도교육청 장학사

나는 중고등학교 시절에 사회과목을 좋아하지 않았다. 사회 수업은 재미가 없었다. 그런데 지금은 학교에서 사회과목을 가르치고 있다. 많은 사회과 교사들이 고민한다. 어떻게 하면 재미있게 잘 가르칠 수 있을까? 고민은 누구나 하지만 실천으로 옮기기는 쉽지 않다. 박찬정 선생님은 실천이 앞서는 교사다. 배움에 대한 철학과 창의적인 아이디어를 제공하는 열정에 매번 놀라지 않을 수 없다. 저자가 들려주는 수업 아이디어들을 활용하여 자신의 수업이 어떻게 달라지는지 확인해보는 것도 가르침의 색다른 기쁨이 될 것이다.

박철용 _ 서울국제고등학교 교사

오직 학생 입장에서 즐거운 배움만을 생각하는 박찬정 선생님의 《정치 문화 보드게임북》을 강력히 추천한다. 교사와 학생 모두 어려워하는 정치, 문화 단원 게임을 현장에서 지속적으로 연구하고 시뮬레이션하며 탄생시킨 이 보드게임북 하나면 교실 안에서 누구나 즐거운 배움 속으로 빠져들 수 있다. 더불어 박찬정 선생님의 게임 제작 노하우까지 배워볼 수 있어 일석이조의 기회가 아닐 수 없다.

양성혁 _ 성남 샛별중학교 교사

게임에 빠져본 적이 있나요? 게임을 통해 목표를 달성하기 위해 적절한 전략을 세우고, 다른 이들과 협력을 하거나 경쟁도 하며 몰입하게 됩니다. 이러한 몰입의 경험은 배움에서도 게임을 통해 가능합니다. 고등학교에서도 게임을 통한 수업이 가능한지 의문이 있었을 때, 박찬정 선생님의 수업 나눔을 통해 게임의 가치를 이해하고, 수업에 게임을 활용할 수 있는 힘을 얻었습니다. 게임을 도입했을 때 학생들의 몰입은 엄청났습니다. 이 책을 통해 선생님들도 수업을 다양화하고, 게임의 가능성을 시도할 힘을 얻길 바랍니다.

강병희 _ 경기북과학고등학교 교사

내 기억 속에 선생님의 수업은 항상 새롭고 기대되는 시간이었다. 직접 그리신 수업 자료, 재미있는 이야기, 다양한 활동으로 채워진 수업 시간은 후다닥 지나가 버리곤 했다. 그 후 수년간 얼마나 더 많은 실험과 연구를 하셨는지 이 책을 통해 바로 알 수 있었다. 학생들은 보통 체육 시간만 손꼽아 기다리지 사회 시간을 기다리지는 않는다. 하지만 사회 시간이 게임 시간이 된다면 얘기가 달라질 것이다. 다시 중학생으로 돌아가 이 책에 소개된 게임을 해보고 싶다.

임채원 _ 서울대학교 건설환경공학부(박찬정 저자의 제자)

박찬정 선생님의 책은 머리가 아닌 마음으로 받아들여진다. 읽어야 하는 책이 아닌 읽고 싶은 책. 사회에 대한 편견과 거리감을 없애준 선생님의 수업처럼 이 책 또한 다양한 게임들로 '정치와 문화'라는 개념에 흥미를 갖게 해줄 것이라고 장담한다.

고우리 _ 고림고등학교(박찬정 저자의 제자)

아직도 게임 활용 수업에
머뭇거리는 분들을 위해

처음 교사가 되었을 때부터 어떻게 하면 학생들을 재미있게 가르칠 것인지 항상 고민해 왔다. 한때는 재미있는 이야기가 답이라고 생각해서 스토리텔링에 미쳤던 적도 있었고, 스마트 기기가 답이라고 생각해서 관련 교육 기법을 밤새 연구하기도 했다. 그리고 현재는 가르치는 것이 아니라 학생들 스스로 배울 때만이 진정한 흥미를 느낄 수 있다고 생각하고 스스로 탐구하고 배우는 기회를 제공하는 게임 활용 수업에 집중하고 있다.

어린 시절 즐겼던 보드게임에 등장하는 나라 이름과 수도를 모두 암기하고 그 위치를 지도에서 찾아봤던 기억처럼 나의 제자들도 게임을 즐기면서 배움에 다가가기를 희망하고 있다.

대신 기존 게임들이 가지지 못한 요소를 고민했다. 게임을 하는 과정에서 학생들이 교과의 핵심 지식과 원리를 자연스럽게 습득하고 관심을 가질 수 있도록 특히 신경을 썼다. 물론 단기간에 될 리가 없었다. 다년간에 걸쳐 제자들과 도전과 실패를 거듭하며 하나씩 쌓아온 것들이 결실을 맺어 지금 소개되는 게임으로 탄생했다. 내가 아니라 우리가 함께 만들고 검증하면서 일궈낸 결과물이라서 더욱 의미가 있다.

최근 코로나로 인해 온라인 수업을 하다가 등교했는데 유독 졸려 보이는 학생이 있어서 밤새 무엇을 했는지 물었다. 그는 당당하게 " 밤새 게임했어요"라고 답했다. 얼핏 게임 중독이라고 생각할지 모르지만 밤새 무언가를 하게 하는 그 몰입과 집중의 힘은 어디에서 오는가에 대해 고민하게 된다. 공부가 게임처럼 재미있다면 우리는 이제 그만 공부하고 쉬라고 잔소리해야 할지 모른다. 이것이 내가 기대하고 바라는 배움의 모습이다. 나는 배움을 위해 게임을 준비하고 즐긴다. 학생들이 배움을 즐길 수 있다면 이것이야말로 더할 나위 없는 방법일 것이다. 놀면서도 공부하는 것, 이것이 내가 추구하는 방향이다.

많은 사람들이 '게임은 노는 것이다', '게임으로는 완전한 학습이 불가능하다', '게임의 학습 효과는 미미하다' 등의 선입견을 가지고 있다. 하지만 이 말들에는 모두 게임에 대한 오해가 담겨 있다. 게임을 하기 위해서 공부를 하게 되고, 게임을 통해서 공부하며 게임을 하고 난 후에 이뤄지는 공부를 깡그리 무시한 말들이기 때문이다.

나는 감히 말한다. 게임하게 해라! 배움이 있을 것이다.

의심스럽다면 함께 게임을 해보자. 학생들에게 진정으로 필요한 건 꼰대 같은 부모와 교사가 아니라 함께 게임을 즐길 친구일지 모른다.

2021년 6월
박찬정

차례

학습 목표

세계 문화지역을 구분해 보고

최초의 **학습용 보드게임북!**

→ 학습 목표를 확인하자.

준비물(활동 자료는 00쪽 참조)

문화지역 카드 10종 60장, 찬스 ㅋ

→ 뒤쪽에 있는 활동 자료를 잘라 준비한다. 이때 카드 크기에 맞는 OPP 비접착 봉투가 있다면 금상첨화. 두고두고 쓸 수 있는 교구를 갖게 된다.

학습 도움말

1. 게임 활용 시점

→ 학습 도움말을 참고하여 학습 절차에 따라 진행하자. 사전 사후 교육에 대한 안내도 소개하고 있으니 꼼꼼히 확인!

활동지
문화지역 게임

→ 제대로 학습이 되었는지 확인이 필요하다. 그렇다면 학습 정리 페이지를 복사해서 나눠주자.

평가 루브릭

 자기-동료-교사 평가

수업을 마쳤다면, 스스로 평가하고, 동료 평가도 하고, 교사 평가도 남기자. 학생 수 만큼 복사하여 사용하면 된다.

민주주의로 가는 길 게임 설명서

자세한 설명서가 제공된다. 교사가 설명하고 진행할 수도 있고, 학생 스스로가 이해한 것을 바탕으로 설명한 후 게임을 진행해도 좋다. 게임을 바탕으로 이루어지는 수업은 언제나 즐겁다.

 보드게임은 오프라인에서만 가능하다고?

온라인 수업에서도 보드게임은 소통의 도구로 활용이 가능하다.

1. 문화지역 게임

온라인에서 문화지역 카드를 기반으로 어떤 문화지역인지 맞히는 퀴즈 활동으로 진행 가능하며 교실에서도 짝 활동으로 진행하는 것이 가능하기 때문에 방역을 준수하면서 활용할 수 있다.

2. 인권탐험대 게임

온라인에서 인권 침해 카드의 내용을 교사가 읽어주고 학생들이 해결 방법 및 필요한 권리에 대해 발표하거나 모둠별로 인권 침해 사례를 선택하여 토의하는 방식으로 활용이 가능하다.

3. 민주주의로 가는 길 게임

온라인에서 카드를 보여주면서 원하는 개념을 조사하거나 해당 개념이 민주주의에 왜 필요하고 방해가 되는지에 대해 토의 활동을 진행할 수 있다.

1장

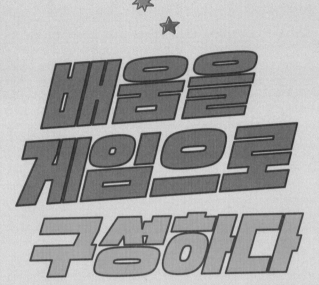

배움을 게임으로 구성하다

대부분의 사람들은 각자의 삶에서 몰입하는 분야가 하나씩 있다. 게임에 몰입하는 사람들을 경시하는 풍조도 있지만 게임은 몰입하기에 좋은 조건들을 갖추고 있다. 공부도 게임처럼 몰입할 수 있다면 어머니들의 잔소리가 사라질지도 모른다. 우리가 꿈꾸는 게임은 바로 이런 목표를 지향한다.

　게임을 활용해서 수업을 하는 경우에는 약간의 문제가 따른다. 일반 보드게임은 수업에 최적화된 교구가 아니기 때문에 교사의 교육과정 재구성과 활동 이후 지도에 많은 노력과 기술이 필요하다는 것이다. 그래서 게임을 학습에 활용하려는 사람들은 해당 주제에 최적화된 게임을 찾고자 많은 노력을 기울인다.

　과거에는 찾으려는 게임이 없으면 포기하고 강의를 비롯한 다른 방법으로 전환하는 것이 보편적이었다. 하지만 요즘은 없으면 만들면 된다. 실제로 많은 사람들이 필요한 게임을 손수 만들고 있다. 우리는 자신만의 게임 만들기를 꿈꾸고 있다.

1. 학습 내용에 맞춰 게임 만들기

1) 게임에 대한 이론 공부하기

우선 게임이 무엇인가에 대해 기본적인 정의와 특징을 이해할 필요가 있다. 게임의 구성 요소는 무엇이며, 어떤 요소가 몰입을 유도하는지를 이해하는 것이 필수이다. 이론적 배경 없이 무작정 게임을 만들려고 하는 것은 교육학에 대한 기본 지식 없이 수업을 진행하는 것과 같다.

2) 게임 주제와 목적 선정하기

제작하려는 게임의 필요성 또는 목적을 분명히 해야 한다. 보통 게임의 목적은 재미다. 하지만 학습용 게임은 사용 목적과 배움의 주제가 분명해야 한다. 목적에 따라서 게임을 간단하게 분류하면 다음과 같다.

친밀한 관계 형성	수업 전에 즐거운 분위기와 관계를 형성하기 위한 목적
동기 유발	수업 관련 주제에 대한 관심과 동기를 유발하기 위한 목적
학습 경험	수업 관련 내용을 경험(체험)하기 위한 목적
학습 정리	수업에서 다룬 내용을 확인하고 정리하기 위한 목적

목적이 정해졌다면 구체적인 주제를 선정하고 게임 제작에 돌입해야 한다.

> 어떻게 하면 '학생들이 어려워하는 주제를 게임으로 재미있게 배울' 수 있을까?

이러한 질문을 던지고 구체적인 해결 방법을 찾기 위한 단계를 밟아나간다.

3) 사전 조사

구체적인 주제를 정한 다음에는 사전 조사가 필요하다. 시중에 나와 있는 게임과 자료를 충분히 조사해야 하는데, 이미 최적화된 자료가 개발되어 있는 경우에는 해당 자료를 이용한다. 기존의 자료가 있더라도 새로운 자료를 만들면 해당 주제가 풍성해지므로 이 또한 도전해보기를 추천한다.

4) 대상 조사

제작하려는 게임과 관련된 사람들에 대해 공감할 수 있다면 게임을 더욱 효과적으로 구성할 수 있다. 게임을 진행할 사람과 게임에 참여할 사람들의 공감을 얻는 것은 매우 중요한 과정이다. 관련된 사람들과 공감하는 방법으로 인터뷰가 대표적이지만 다음과 같은 다양한 방법을 활용해볼 수도 있다.

관련자 인터뷰하기	비슷한 상황에 처해보기	유사 자료 체험해보기
대상 관찰해보기	관련 기록 읽어보기	가이드 투어하기
대상 실험해보기	가상 시뮬레이션	설문조사 및 기타

공감을 잘하기 위해서는 자신의 생각은 잠시 내려놓고 어린아이처럼 호기심 가득한 태도로 임해야 한다. 공감 대상자를 존중하면서 계속 '왜?'라고 질문하며 게임을 통해 무엇을 배우려고 하는지 근본적인 이야기를 이끌어내야 한다.

예컨대 수요와 공급에 관한 수업을 잘 듣지 않는 학생들을 인터뷰한다면 왜 그런지, 어떻게 하면 집중할 수 있는지, 어떤 부분이 특히 어려운지, 어떤 방식으로 진행하면 재미있을지, 어떤 게임을 재밌어하는지 등 준비된 질문을 차근차근 풀어나가야 한다. 무엇보다 궁금한 점이 해소될 때까지 진행하는 끈기도 필요하다. 형식적으로만 공감하고 만들어진 게임은 실제 수업에서 외면받을 수 있다.

5) 통찰을 통해 핵심 포인트 포착하기

통찰이란 공감하기로 얻은 '깨달음'을 말한다. 공감 대상자가 직접 말해주지 않았지만 공감 과정에서 느낀 점, 곧 숨은 욕구라고 생각하면 된다. 게임과 관련된 내용에 대해 '누가', '무엇을', '왜'라는 질문에 답해보면서 게임의 핵심 포인트를 포착해야 한다.

예컨대 공정무역에 대해 이론적으로만 배우다 보니 공정무역이 왜 필요한지 와 닿지 않을 뿐만 아니라 내가 주인공이 아니라서 몰입이 안 된다는 점에 공감했다면 '필요성'과 '주인공'이라는 핵심 포인트를 포착해서 게임을 제작해야 한다.

6) 가상의 사용자 설정하기

추상적이고 잠재적인 개념의 사용 대상자를 특정 속성을 가진 구체적인 대상으로 도출해 본다. 공감하기를 통해 발견한 여러 유형의 사람들에 대한 정보를 유형지도로

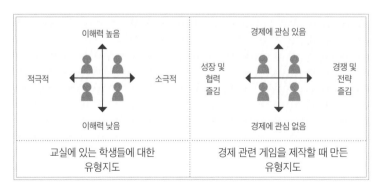

분석해 본 다음 내가 만들 게임을 사용할 대상자를 설정한다. 예컨대 사용자가 교실에 있는 학생일 경우 왼쪽 페이지와 같이 분석해 볼 수 있다.

7) 만들려는 게임을 핵심 문장으로 표현하기

발견한 통찰과 해결하려는 문제를 간략하고 기억하기 쉬운 문장으로 정리해야 한다. 핵심 문장을 체계적으로 만들어야 게임 제작 시 길잡이 역할을 할 수 있다. 핵심 문장은 다음과 같은 구조로 만든다.

> **우리가 어떻게 하면 (사용자)은/는/이/가 (문제 해결)을 할 수 있을까?**

> 우리가 어떻게 하면 '수요와 공급의 변동 요인을 어려워하는 학생들'이 '재미있게 변동 요인을 따져보고 분석하게 할 수' 있을까?

8) 게임 아이디어 도출하기

우리가 원하는 게임을 만드는 과정에서 가장 중요한 단계는 아이디어를 찾아내는 것이다. 아이디어를 찾기 전에 아이디어가 갖추어야 할 조건을 미리 설정하는 과정이 필요하다. 만들려고 하는 게임이 갖추어야 할 조건이 무엇인지 고민해보고 기준을 미리 설정한 다음 아이디어를 발산해야 한다. 그렇지 않으면 아이디어가 엉뚱한 방향으로 산출될 수 있다.

> 1) 주제에 흥미를 느끼지 못하는 학생들을 위한 게임은 재미있어야 한다.
> 2) 주제에 대해서 어려워하는 학생들을 위한 게임은 이해하기 쉬워야 한다.
> 3) 수업에서 흥미를 유발하기 위한 게임은 단시간에 이루어져야 한다.

9) 아이디어 발산하기

게임을 만들 때 '무엇이든 가능하다면?'(목표를 이루기 위해 어떠한 게임도 제작 가능하다면?)이라고 생각하고 다양한 아이디어를 생각해 본다. 대표적인 방법으로 브레인스토밍(Brainstorming)이 있다. 제약 없이 자유롭게 아이디어를 생각하는 방법으로 번뜩이는 1가지 아이디어를 위해서는 100가지 어리석고 비현실적인 아이디어가 나와도 상관없다. 대신 아이디어들을 반드시 기록해서 언제든지 다시 볼 수 있어야 한다. 어리석어 보였던 아이디어들도 언젠가는 번뜩이는 아이디어가 될 수 있다.

브레인스토밍 예시

1) 희소성을 배우기 위해 경매 규칙을 활용한 게임은 어떨까?
2) 분업과 특화를 이해하기 위해 직접 분업과 특화를 경험하는 게임은 어떨까?
3) 다국적 기업의 분화 과정을 기반으로 한 기업 키우기 게임을 만들어보면 어떨까?

아이디어가 잘 떠오르지 않을 때는 스캠퍼라는 방법을 이용할 수도 있다. 스캠퍼는 미리 문제 해결의 착안점을 정해놓고 그에 따라 다각적인 사고를 해봄으로써 아이디어를 얻는 방법이다.

기존의 아이디어에 대해 다음과 같은 질문을 던져서 아이디어를 촉진할 수 있다.

S(Substitute, 대체) : A 대신 B를 쓰면 어떨까?

C(Combine, 결합) : A와 B를 합치면 어떨까?

A(Adapt, 응용) : A를 B에 적용하면 어떨까?

M(Modify, 변형) : A의 생각을 변형하고, 키우고, 줄이면 어떨까?

P(Put to other Use, 다르게 활용) : A를 B 용도가 아닌 C 용도로 사용하면 어떨까?

E(Eliminate, 제거) : A를 구성하는 것 중 하나를 빼면 어떨까?

R(Reverse, 재구성, 재배열) : AB를 BA로 바꾸면 어떨까?

---

10) 경험을 통한 아이디어 추출

게임에 대한 아이디어를 얻는 가장 손쉬운 방법은 직접 게임을 하면서 아이디어를 찾는 것이다. 자칫 머리로만 생각하다 보면 놓칠 수 있는 부분을 경험 과정에서 발견할 수 있다. 게임을 개발하려는 초보 제작자들이 부루마블과 비슷한 학습용 게임을 많이 제작하는 이유는 경험했던 게임이기 때문이다. 다양한 게임을 경험해야 하는 이유가 여기에 있다. 아는 만큼 보인다고 경험한 만큼 다양한 게임을 만들 수 있다.

경험 속에서 아이디어를 발견하기 위해서는 단순히 보는 것이 아니라 모든 감각을 통해서 '무엇'과 '왜'에 관해 생각해 보아야 한다. 'See'(단순히 보다)가 아니라 'Look'(발견하기 위해 보다)해야 한다.

11) 프로토타입 만들기

프로토타입을 만들기 위해서는 수집한 아이디어를 선별하고 발전시켜야 한다.

게임에서 발견한 스토리	예) 정해진 시간 내에 보물을 발견해야 한다.
게임에서 발견한 캐릭터	예) 참여자(주인공), 방해자(악당), 진행자(은행)
게임에서 발견한 재미 요소 (무엇이 몰입하게 만드는가?)	예) 상대방과 경쟁하며 나의 목표를 달성해야 한다.
게임에서 활용된 재료	예) 주사위, 카드, 룰렛, 게임판
게임에서 점수를 획득하는 방법	예) 카드를 획득한다. 카드를 버린다.
게임에서 승리하는 조건 및 방법	예) 정해진 점수를 획득한다. 목표를 달성한다.
재미있다고 생각했던 상황(3가지) 흥분된 순간, 화난 순간 몰입한 순간, 당황한 순간 등 감정 변화가 심했던 순간 찾기	예) 목표가 거의 달성되려고 하는데 상대방이 방해한 순간 뜻하지않은 행운으로 선두에 올라선 순간 상대방 모르게 나의 목표를 진행하는 순간

아이디어 발산 및 발견 단계에서 나왔던 참신하고 새로운 아이디어들을 큰 묶음으로 조합하여 구체적인 콘셉트를 가진 프로토타입 형태의 게임으로 발전시키는 것이다.

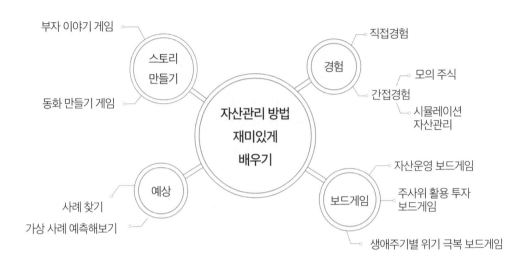

프로토타입 게임 만들기는 게임을 구성하는 기본적인 요소들을 고려하여 다음과 같은 질문에 답을 채워가는 방식으로 진행한다.

· 게임 스토리 및 배경 설정하기

우리 학생들을 위한 게임은 어떤 스토리(맥락)를 가지고 있는가?

> 예시) 티켓 투 라이드는 80일간의 세계일주를 배경으로 제작된 게임이다. 주인공인 포그가 미국을 횡단하는 상황을 배경으로 도시 간의 노선을 연결하는 방식으로 진행된다.

제작할 게임의 스토리(서사 구조)와 캐릭터(주인공 포함)를 설정해 본다. 마블이나 DC의

세계관처럼 게임의 상황과 맥락을 구성하여 대상(참가자)을 초대한다고 생각하면 된다.

· 게임의 규칙 만들기

어떤 규칙을 기반으로 진행되는가?

결국 게임은 규칙이다. 게임을 어떻게 시작하고 종료할지부터 얼마나 오랫동안 게임을 진행할지, 어떤 행위를 하고 또 어떤 행위를 금지할지, 어떻게 재미와 몰입을 줄지 구체적인 규칙을 정해야 한다. 우리가 게임을 만드는 목적이 재미있게 배우는 것이라면 참여자가 재미를 느끼는 핵심이 바로 규칙에 있다.

규칙을 만들 때 다음과 같이 다양한 요소를 고려해야 한다.

선택해야 할 요소	고려해야 할 요소
게임 장르	어떤 장르의 게임을 제작할 것인가?
게임 목표	어떤 목표 및 목적으로 제작할 것인가?
캐릭터 역할	캐릭터에 어떤 역할을 부여할 것인가?
경험	어떤 체험 및 경험을 제공할 것인가?
시간	언제까지 게임을 할 것인가?
시작과 끝	어떤 방식으로 게임을 시작하고 끝낼 것인가?
공간	어디에서 게임을 할 것인가? 게임의 경계는 어디까지인가?
정보 제공	누구에게 정보를 얼마나 공개할 것인가?
의사 결정	어떤 핵심 의사 결정을 통해 게임을 진행할 것인가?
재미 요소	어떤 재미로 게임에 몰입시킬 것인가?
보상 및 동기유발	무엇으로 보상힐 것인가?
	어떻게 관심을 유발할 것인가?
	어떻게 적극적으로 참여 및 몰입하게 할 것인가?
운 요소	얼마만큼 운이 작용하게 할 것인가? - 운과 전략(선택)의 비중

· 재료 선정하기

게임에 어떤 재료가 필요한가?

게임에 어떤 기술 및 재료를 어떻게 활용할지 결정해야 한다. 너무 많은 기술 및 재료를 활용하면 게임을 제작하기 어렵고, 제작 시간 및 비용이 증가한다. 더불어 학습을 위해 학생들이 활용할 게임은 적합성과 안전성도 고려해야 한다.

· 미적 요소 고려하기

게임에 실제감을 주기 위한 방법에는 어떤 것이 있을까?

> 긴박한 상황을 구현하기 위해 타이머가 작동하는 소리를 들려주거나 공포스러운 분위기를 연출하기 위해 조명을 어둡게 하는 방식을 활용할 수 있다.

게임이 매력적으로 느껴지기 위해서는 스토리 및 상황에 맞는 미적 요소가 충족되어야 한다. 이미지(디자인), 냄새, 맛, 소리(음악 및 음향) 등 게임에 적합한 미적 요소를 결정해야 한다.

12) 테스트와 개선하기

게임은 끝없는 개선의 과정을 거쳐서 완성된다. 게임의 특성상 혼자서 테스트하기 어려우므로 주변에 함께 게임을 진행할 동료들이 필요하다. 더불어 진행 후에 부족한 부분을 채우고 다듬는 과정을 얼마나 거쳤는가가 바로 게임의 완성도를 결정한다.

문화지역 게임 프로토타입
테스트 장면

게임 제작 과정을 한눈에 볼 수 있게 정리해 보면 다음과 같다.

게임 만드는 절차				
문제 인식	공감하기	문제 정의	아이디어 도출	게임 제작
·왜 만들려고 하는가? ·어떤 상황을 해결하려는 것인가?	·대상은 누구인가? ·어떤 특성을 지닌 대상인가?	·어떤 문제를 해결할 게임을 만들 것인가?	·어떤 스토리, 규칙, 재료, 미적 요소를 활용하는가?	·잘된 부분과 수정할 부분은 무엇인가?

새로운 게임을 만드는 비결은 다음과 같다.

· 일단 대충 만든다. 중요한 건 아이디어다.

· 빨리 만든다. 너무 오래 걸리면 쉽게 포기한다.

· 함께 다듬는다. 주변 사람들과 해보면서 다듬는다.

너무 완벽함을 추구하다 보면 하나의 게임도 완성하기 어렵다. 프로토타입을 만들고 사람들과 즐기면서 다듬어가는 과정이 게임 만드는 개발자의 진정한 즐거움이다.

2. 정치 문화 보드게임을 위한 준비

문화지역, 인권, 민주주의는 사회 교과에서 주요하게 다루는 주제 중 하나다. 이것들은 추상적 개념으로 학교에서 막연하게 이론적으로 다루는 경우가 많다. 해당 개념들을 게임으로 구성해서 학생들이 학습에 몰입할 기회를 제공하면 어떨까?

1) '문화지역 게임'으로 세계 문화 여행해 보기

문화는 한 사회의 구성원들이 만들어낸 공통의 생활양식으로 의식주를 비롯해 지식, 예술, 규범, 관습 등이 모두 포함된다. 그런데 우리는 문화라는 말을 자주 사용하면서도 정확한 의미를 잘 모르는 경우가 많다. 문화는 사람들이 사는 모습으로 옷 입는 방법, 예절, 교육, 법 등을 포함한다.

그림과 같이 세계에는 지역별로 다양한 문화지역이 존재한다. 지리적으로 가까운 곳은 오랜 교류를 통해 비슷한 문화가 나타나기도 하고, 종교나 이념 차이로 인해 상반된 문화가 만들어지기도 한다.

아프리카 북부와 서남아시아에 위치한 건조 문화지역 하면 어떤 것들이 떠오르는가?

뜨거운 태양빛을 가리는 하얀 천 의상과 낙타가 가장 먼저 생각날 것이다. 그곳에 사는 사람들은 대부분 알라를 유일신으로 믿는 이슬람교도이므로 종교적인 이유로 인해 돼지고기를 금기시한다. 또한 아랍어를 사용하며 아라베스크 문양으로 집을 꾸민다.

그렇다면 다른 문화지역은 어떤 특징을 가지고 있을까? 이 궁금증을 교과서가 아닌 게임으로 해결해보자. 각 문화지역의 특징적인 이미지를 추출하여 카드에 담고 규칙에 따라 재미있게 분류하는 과정을 통해 전 세계의 다양한 문화를 만나보자.

2) '인권탐험대' 게임으로 나의 권리 깨우치기

인권은 우리 삶과 밀접하지만 무관심하기 쉬운 주제다. 숨 쉬며 살아가는 데 없어서는 안 될 공기의 존재를 평소에는 잊고 지내는 것과 같다. 당연한 권리이지만 인식하지 못하는 경우가 많다. 여전히 현실에서는 수많은 인권 침해가 발생하고 있기에 우리의 관심이 더욱 필요하다.

보다 인권 친화적인 세상으로 나아가기 위해 어떤 것들이 필요한지 알아야 한다. 우리에게 필요한 다양한 인권을 직접 찾아보는 과정에서 인권의 의미를 되새겨볼 수 있다. 주사위를 이용한 보드게임은 매우 일반적인 방법이지만 단조로움을 탈피하기 위해 인권 침해자의 존재를 드러내 더욱 흥미진진하게 진행하는 보드게임으로 구성했다.

　우리 모두 인권탐험대가 되어서 인권 침해 현실을 극복하고 우리가 마땅히 누려야 할 권리를 배워보자.

3) '민주주의로 가는 길' 게임으로 배우는 민주주의에 필요한 것들

　민주주의는 완성된 형태가 아니며 오랜 세월 동안 진화해 왔고 앞으로도 계속 발전할 것이다. 혹자는 인류의 역사를 민주주의 발전의 과정이라고 말하기도 한다.

　민주주의는 항상 독재와 부정부패의 위협을 받고 있으며 민주주의의 발전을 가로막는 수많은 요인들이 존재한다. 헌법에 의해 시민의 권리를 보장하지 못할 경우 민주주의라 칭할 수 없으며, 권력이 한곳에 집중되면 부패하므로 한곳에 집중되지 않도록 분산해야 한다. 이처럼 민주주의를 온전하게 운영하기 위한 다양한 장치가 필요하다. 민주주의의 근본 정신인 인간 존중을 달성하기 위해 어떤 요소가 필요하고 어떤 요인이 방해가 되는지를 파악하고 민주주의 발전을 위해 우리 모두 고민할 필요가 있다.

　수업 시간에 다루었지만 무관심했던 민주주의의 의미, 목표, 운영원리, 정치제도 그

리고 민주주의 발전의 역사를 게임을 통해 다시 한 번 공부하는 기회를 가져보자. 민주주의가 무엇인지 알아야 제대로 실현할 수 있다.

'민주주의로 가는 길' 게임을 통해 함께 민주주의를 향해 전진해 보자.

2장

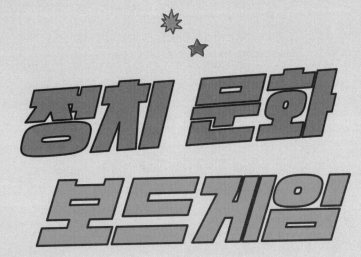

정치 문화 보드게임

게임으로 정치 문화에 대한 깨달음 얻기

문화지역을 가르치는 효과적인 방법에 대해 많은 교사들이 고민하지만 사실 효과적인 방법에만 집중할 필요는 없다. 다양한 방법으로 학생들이 주제를 접하는 것이 필요하다. 공부는 다양한 체험 및 경험으로 조각을 맞추듯 만들어가는 결과물이다. 게임이 세계시민으로서 다양한 문화에 대해 호기심을 가질 수 있는 촉매가 될 수 있다면 공부는 이미 시작되었다.

인권을 게임으로 다루는 것은 부적절하다는 지적도 있다. 하지만 취지를 충분히 이해하고 학생들과 진지하게 접근할 수 있는 분위기를 만든다면 게임도 충분히 인권 문제 해결에 도움이 될 수 있다. 진지함은 수단이 아니라 방향에서 나온다. 인권에 대한 고민과 성찰이 게임을 통해서도 나타날 수 있기를 진심으로 바란다.

결국 모든 사회과 주제의 궁극적인 목표는 민주시민의 양성이며 이 땅에 올바른 민주주의가 확립되는 것이다. 게임을 통해 민주주의의 이론적 내용을 알려주는 것만큼이나 민주적인 과정으로 게임이 진행되기를 희망한다. 그리고 누구나 평등하게 규칙을 준수하면서 민주적인 절차로 게임이 진행되기를 희망한다. 이 게임은 내용뿐만 아니라 과정도 민주적이길 바라는 마음으로 만들어졌다.

이제 배움을 향해 떠날 때이다.
과거로 돌아가 현재의 수업을 바꿀 수는 없다.
대신 현재의 노력으로 미래의 수업은 바꿀 수 있다.
정치 문화 보드게임으로 미래의 수업을 바꿔보는 것은 어떨까?

문화지역 게임

학습 목표

세계 문화지역을 구분해 보고, 지역별로 문화적 공통점과 차이점을 제시할 수 있다.

- **지식정보 처리 역량**

  문화지역에 따른 문화적 공통점을 파악할 수 있다.

- **창의적 사고 역량**

  카드를 전략적으로 배치할 수 있다.

- **의사소통 역량**

  모둠원과의 소통을 통해 문화지역별 특징을 설명할 수 있다.

준비물(활동 자료는 60쪽 참조)

문화지역 카드 10종 60장, 찬스 카드 6장

학습 절차

도입	**모둠 짓기** 참여자에 맞춰 모둠을 구성한다. 2~5명을 한 모둠으로 구성한다.
진행1	문화지역에 대한 읽기 자료를 나눠준다. 게임 이후 문화지역에 대한 분류 및 특징에 대해 정리하는 활동이 있음을 안내한다.
진행2	**게임 목표:** 세계 문화지역을 구분해 보고 지역별로 특징을 파악한다. **게임을 하기 전** ① 학생 2~5명을 한 모둠으로 구성한다. ② 게임 설명서(60쪽)를 한 모둠에 1장씩 주고, 게임 방법을 설명한다. **게임 진행 방법** ① 문화지역 카드 60장과 찬스 카드 1장을 잘 섞은 다음 인원에 맞춰 나눠 갖는다. · 2~3명일 때 1인당 8장씩 갖는다. · 4~5명일 때 1인당 7장씩 갖는다. ② 남은 카드는 더미를 만들어둔다. ③ 순서를 정하고 자기 차례가 되면 규칙에 따라 카드를 내려놓는다. · 같은 종류의 문화지역 카드는 한 번에 2~3장을 내려놓을 수 있다. · 단독으로 1장의 카드를 바닥에 내려놓을 수는 없다. · 같은 문화지역 카드 2장 이상이 바닥에 놓여 있는 경우 추가로 같은 문화지역의 카드 1장을 더해서 내려놓을 수 있다. · 내려놓을 카드가 없는 경우 더미에서 카드를 1장 가져온다. ④ 규칙에 따라 자신이 보유한 모든 카드를 바닥에 내려놓으면 승리한다.
마무리	① 바닥에 내려놓은 카드의 내용을 함께 공유하고 분석하여 해당 카드가 어떤 문화지역을 나타내는지 함께 도출해 본다. ② 문화지역의 특징을 담은 글쓰기 활동을 통해서 학습 내용을 정리한다.

학습 도움말

1. 게임 활용 시점

수업 전에 게임을 진행할 경우 학습할 내용에 대해 미리 살펴보는 비계 역할을 할 수 있다. 수업 후에 게임을 진행할 경우 학습한 내용을 정리하는 효과를 기대할 수 있다.

2. 게임 규칙

한 학생이 카드를 모두 내려놓으면 우승자를 1명 정하고 게임을 종료할 수도 있지만 끝까지 게임을 진행하여 순서를 정할 수도 있다. 또는 한 학생이 카드를 모두 내려놓는 순간 게임을 멈추고 각자 보유하고 있는 카드의 수만큼 벌점을 받는 방식으로 진행할 수도 있다. 이 경우 학생들이 카드를 내려놓지 않고 유리한 상황까지 버티는 것을 방지하는 효과를 기대할 수 있다.

3. 학생들이 직접 문화지역 카드 제작하기

학생들이 친구들과 함께 카드를 직접 제작하고 규칙을 활용하여 게임을 진행할 수도 있다. 학생들이 직접 조사하고 그림을 그리거나 사진을 출력하여 제작한 카드를 활용하면 게임 효과를 더욱 극대화할 수 있다.

4. 학습 효과를 극대화하려면

학생들이 게임에만 몰입하고 카드 내용에 관심을 가지지 않을 수도 있다. 게임을 시작하기 전에 학습 내용을 바탕으로 문화지역 분류 및 특징을 적는 글쓰기 활동이 예정되어 있다고 안내한다. 활동이 끝나면 반드시 바닥에 내려놓은 카드 내용을 꼼꼼히 살펴

보고 어떤 문화지역의 공통적 특징인지에 대해 토의한다. 문화지역의 특징을 담은 글쓰기 활동을 모둠 과제로 부여하고 함께 작성할 경우 집단지성이 발휘되어 협력 학습도 가능하다.

5. 수행 평가 및 연계 활동

게임을 통해 학습한 내용을 바탕으로 문화지역의 추가적인 특징을 찾아서 보고서를 작성하거나 추가할 수 있는 게임 카드를 제작하는 수행 평가 과제를 제시할 수 있다. 백지도를 이용하여 문화지역을 구분하고 카드 내용을 바탕으로 해당 지역의 특징을 표현하는 활동도 연결이 가능하다.

문화지역 게임

문화지역 카드에 제시된 내용을 이용하여 짧은 글을 써봅시다.

예시) 북극 문화지역에는 네네츠족과 같은 유목민족과 수렵 및 채집을 하는 이누이트들이 살고 있어요. 최근에는 자원 개발로 인해 전통적인 생활방식이 변하고 있어요.

문화지역 구분	문화권의 특징을 담은 글쓰기
아프리카 문화지역	
건조 문화지역	
유럽 문화지역	
북극 문화지역	
인도 문화지역	
동남아시아 문화지역	
동아시아 문화지역	
오세아니아 문화지역	
앵글로아메리카 문화지역	
라틴아메리카 문화지역	

평가 항목	◀부족				잘함▶	점수
표현력	1	2	3	4	5	
타당성	2	4	6	8	10	
협 력	1	2	3	4	5	
독창성	2	4	6	8	10	

자기-동료-교사 평가

1. 자기 평가에는 다음과 같은 내용을 떠올려 기록합니다.

• 게임 과정에서 잘한 것	• 게임 과정에서 좋았던 것	• 내 재능을 새롭게 발견한 것
• 내용에 대해 새롭게 발견한 것	• 감동 / 재미있었던 것	• 미래에 갖고 싶은 직업
• 더 알고 싶은 것(호기심)	• 친구에게 잘 설명한 것	• 어려움을 극복한 것(갈등 사례)

예) 나는 게임 과정에서 다른 사람의 심리를 잘 파악했다.(잘한 것→공감 능력, 분석력)

2. 동료 평가에는 다음과 같은 내용을 잘 관찰하여 기록합니다.

• 친구가 잘했다고 생각한 것	• 좋았다고 생각한 것	• 감동하고 만족한 것
• 평소와 다른 행동을 발견한 것	• 질문한 것	• 어려움을 극복한 것
• 협의하고 타협점을 찾은 것	• 어울릴 것 같은 직업	• 상대방에 대한 경청과 배려

3. 교사 평가는 교사가 게임 과정에서 발견한 내용을 기록합니다.

- 게임 과정에서 교사가 구체적인 역량 요소를 관찰하여 발견한 경우
- 게임 과정에서 학생이 교사에게 의미 있는 질문을 한 것
- 교사가 정의적인 부분에서 칭찬할 만한 경우

게임 활동 평가

자기 평가	동료 평가	교사 평가

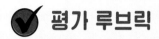 평가 루브릭

아래 내용을 참고하여 이 주제의 학습 활동에 대한 소감문을 써봅시다.

활동 주제		학번	
활동 일시		성명	

◎ 아래 항목 중 3~4개 정도를 선택하여 활동 소감문을 자유롭게 작성하세요.
- 나는 이 주제 활동에서 (   ) 역할을 수행했습니다.
- 나는 이 주제 활동에서 (   )에 관한 질문을 했습니다.
- 나는 이 주제 활동에서 (   ) 에 대해 배웠습니다.
- 나는 이 주제 활동 이후 (   )에 대해 더 알고 싶습니다.
- 나는 이 주제 활동에서 (   )이(가) 가장 재미있었습니다.
- 나는 이 주제 활동에서 (   )이(가) 어려워서 도움이 필요했습니다.
- 이 주제 활동에서 나에게 가장 중요한 것은 (   )이었습니다.
- 나는 이 주제 활동에서 (   )을(를) 새롭게 발견했습니다.

자기 활동에 대한 평가

평가 영역	평가 내용	상	중	하
정의적 영역	나는 이 활동에 적극적으로 참여했다.			
	활동 과정에서 다른 사람들을 배려했다.			
	게임에서 함께 카드를 분류하는 과정에 협력했다.			
인지적 영역	나는 이 활동을 통해서 문화지역별 특징을 이해했다.			
역량 영역	문화지역별 특징을 정확하게 파악하여 구분할 수 있게 되었다.			
	카드 배치 과정에서 유리한 상황을 위한 판단을 할 수 있게 되었다.			
	구성원들과의 소통을 통해서 게임을 진행하고 목표를 달성했다.			

인권탐험대 게임

학습 목표

인간으로서 마땅히 보장받아야 할 기본적인 권리를 인권 침해 사례 해결을 통해 제시할 수 있다.

- **지식정보 처리 역량**

  인간이면 마땅히 보장받아야 할 권리의 종류를 알 수 있다.

- **공동체 역량**

  인권 침해를 해결하기 위한 마음가짐을 알 수 있다.

- **의사소통 역량**

  필요한 권리를 서로 알려주고 협력하여 도울 수 있다.

준비물(활동 자료는 83쪽 참조)

인권 침해 카드 24장, 권리 카드 80장(20장×4세트), 인권탐험대 게임판, 주사위

학습 절차

도입	**모둠 짓기** 참여자에 맞춰 모둠을 구성한다. 2~5명을 한 모둠으로 구성한다.
진행1	인권에 대한 읽기 자료를 제작하여 사전에 나눠준다. 인간으로서 마땅히 가져야 할 권리에 대해 함께 토의해 본다.
진행2	**게임 목표** : 인권 침해 사례를 통해 우리에게 필요한 인권을 설명할 수 있다. **게임을 하기 전** ① 학생 2~5명을 한 모둠으로 구성한다. ② 보드게임판을 중심으로 둘러앉는다. ③ 인권 침해 카드는 잘 섞어서 더미를 만들어둔다. ④ 인권탐험대에게는 각각 권리 카드 20장씩(권리 꾸러미) 지급한다. ⑤ 게임 설명서(83쪽)를 한 모둠에 1장씩 주고, 게임 방법을 설명한다. **게임 진행 방법** ① 다음과 같이 역할을 정한다. · 2~4명일 때는 모두 인권탐험대를 하고, 가상의 인권 침해자가 있다고 가정한다. · 5명일 때는 4명의 인권탐험대와 1명의 인권 침해자를 정한다. ② 순서를 정하고 자기 순서에 주사위를 던져서 도착지인 인권이 보장되는 미래를 향해 전진한다. ③ 탐험대원 모두가 주사위를 던졌다면 그다음 순서로 인권 침해자가 주사위를 던져서 추격을 시작한다. · 인권 침해자의 출발 장소는 인권탐험대와 다르다. ④ 인권탐험대 중 1명이 인권 침해 현장 칸에 도달한 경우 더미에 있는 인권 침해 카드를 1장 뒤집어 읽는다. · 해당 인권 침해를 해결하기 위해 필요한 권리 카드를 1장 제시하면 점수(+1점)를 획득한다. (인권 탐험 기록장에 기록한다.) · 적절한 권리 카드를 제시하지 못하면 그 자리에서 1회 휴식을 취한다. · 한 번 사용한 권리 카드는 다시 사용할 수 없다.(카드를 제출한다.) · 권리 카드를 모두 소진한 경우 탐험대 동료가 대신 제출할 수 있다.(협력 가능)

진행2	⑤ 자유 보장, 인간다운 삶 보장과 같이 인권에 필요한 요소 칸에 도달한 경우 인권 탐험 기록장에 기록하여 점수(+1점)를 획득한다. ⑥ 인권 침해자에게 말이 잡히거나 더 늦게 목적지에 도달한 탐험대원은 게임에서 탈락한다. ⑦ 탐험대원 중 인권 침해자보다 먼저 도착지에 도달하고 가장 많은 점수를 획득한 사람이 우승한다. · 도착 순서에 따라 1등은 +5점, 2등은 +4점, 3등은 +3점을 받는다. ⑧ 1명도 실패 없이 도착한 경우 모두가 승리하게 된다.
마무리	① 게임 이후 인권 탐험 기록장을 바탕으로 인권을 위해 필요한 요소, 우리에게 필요한 권리들에 대해 발표해 본다. ② 인권 침해 카드를 선택해서 이를 해결하기 위한 방안을 함께 토의해 보거나 이를 막기 위한 헌법상의 권리를 찾아본다.

학습 도움말

1. 게임의 난이도 조절하기

게임 난이도를 높이려면 인권탐험대는 주사위를 던져서 1~5까지는 전진하고 6이 나올 경우 그 자리에서 휴식을 취한다. 이때 인권 침해자는 1~6까지 모두 전진한다. 난이도를 낮추고 싶은 경우 인권탐험대는 1~6까지 모두 전진하고 인권 침해자는 1~5까지는 전진하고 6이 나올 경우 그 자리에서 휴식을 취한다.

2. 인권 침해 사례와 권리 카드 매칭

학생들은 인권 침해 사례와 권리가 정확히 매칭되기를 기대할지 모른다. 하지만 현실 속 침해 사례는 단순하지 않고 복합적이다. 그래서 사례 속에 나타나는 다양한 인권 침해 현상을 학생들이 분석하고 그에 맞는 권리를 제시해 본다. 이 게임은 학생들에게 정답을 요구하지 않는다. 문제에 맞는 해답과 다양한 방안들을 함께 고민하면서 우리에게 필요한 권리를 도출해 보자. 물론 너무 동떨어진 권리를 해결책으로 제시하는 경우도 있겠지만 학생 스스로 판단할 수 있으며 필요한 경우 교사가 적절한 도움을 줄 수 있다.

3. 학생들이 직접 인권 침해 카드 만들기

학생들이 친구들과 함께 인터넷 검색을 통해 인권 침해 사례를 찾고 이를 바탕으로 인권 침해 카드를 직접 제작하고 규칙을 활용하여 게임을 진행할 수도 있다. 이때 기존 카드에 있는 내용이 아닌 학생들이 직접 조사하여 제작한 카드를 활용하면 게임 효과를 더욱 극대화할 수 있다.

4. 학습 효과를 극대화하려면

학생들이 게임에만 몰입하다 보면 인권 침해에 맞는 권리 매칭보다 인권 침해자를 피해서 주사위를 던지는 활동에만 몰입할 수 있다. 따라서 함께 인권 침해 사례를 읽고 고민하는 과정의 중요성을 거듭 강조해야 한다. 더불어 반드시 인권 탐험 기록장에 내용들을 기록하면서 게임에 참여하도록 안내해야 한다.

5. 수행 평가 및 연계 활동

게임을 통해 알게 된 내용을 바탕으로 인간이면 마땅히 가져야 할 권리에 대한 논술 수행 평가를 진행하거나 뉴스와 신문 기사에 나오는 사례를 분석하여 인권 침해와 더불어 해결책을 찾아보는 활동으로 연계할 수 있다. 우리 주변에서 놓치고 있는 일상과 관련된 인권 이야기를 인권 일기 쓰기 등으로 풀어내는 것도 좋다.

활동지

인권탐험대 게임

인권 보장을 위해 필요한 요소를 찾아서 정리해 봅시다.

예시) 자유 보장			

인권 침해 현실과 해결을 위해 필요한 권리를 연결해 봅시다.

인권 침해 현실(현장)	필요한 권리(인권)

자기-동료-교사 평가

1. 자기 평가에는 다음과 같은 내용을 떠올려 기록합니다.

• 게임 과정에서 잘했던 것	• 게임 과정에서 좋았던 것	• 내 재능을 새롭게 발견한 것
• 내용에 대해 새롭게 발견한 것	• 감동하고 재미있었던 것	• 미래에 갖고 싶은 직업
• 더 알고 싶은 것(호기심)	• 친구에게 잘 설명한 것	• 어려움을 극복한 것(갈등 사례)

예) 나는 게임 과정에서 다른 사람의 심리를 잘 파악했다.(잘한 것→공감 능력, 분석력)

2. 동료 평가에는 다음과 같은 내용을 잘 관찰하여 기록합니다.

• 친구가 잘했다고 생각한 것	• 좋았다고 생각한 것	• 감동하고 만족한 것
• 평소와 다른 행동을 발견한 것	• 질문한 것	• 어려움을 극복한 것
• 협의하고 타협점을 찾은 것	• 미래에 잘할 것이라고 생각되는 직업	• 상대방에 대한 경청과 배려

3. 교사 평가는 교사가 게임 과정에서 발견한 내용을 기록합니다.

• 게임 과정에서 교사가 구체적인 역량 요소를 관찰하여 발견한 경우 • 게임 과정에서 학생이 교사에게 의미 있는 질문을 한 것 • 교사가 정의적인 부분에서 칭찬할 만한 경우

게임 활동 평가

자기 평가	동료 평가	교사 평가

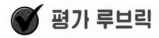 **평가 루브릭**

아래 내용을 참고하여 이 주제의 학습 활동에 대한 소감문을 써봅시다.

활동 주제		학번	
활동 일시		성명	

◎ 아래 항목 중 3~4개 정도를 선택하여 활동 소감문을 자유롭게 작성하세요.
· 나는 이 주제 활동에서 (   ) 역할을 수행했습니다.
· 나는 이 주제 활동에서 (   )에 관한 질문을 했습니다.
· 나는 이 주제 활동에서 (   ) 에 대해 배웠습니다.
· 나는 이 주제 활동 이후 (   )에 대해 더 알고 싶습니다.
· 나는 이 주제 활동에서 (   )이(가) 가장 재미있었습니다.
· 나는 이 주제 활동에서 (   )이(가) 어려워서 도움이 필요했습니다.
· 이 주제 활동에서 나에게 가장 중요한 것은 (   )이었습니다.
· 나는 이 주제 활동에서 (   )을(를) 새롭게 발견했습니다.

자기 활동에 대한 평가

평가 영역	평가 내용	상	중	하
정의적 영역	나는 이 활동에 적극적으로 참여했다.			
	활동 과정에서 다른 사람들을 배려했다.			
	게임에서 인권 침해 사례 해결을 위해 협력했다.			
인지적 영역	나는 이 활동을 통해서 우리에게 필요한 인권을 파악했다.			
역량 영역	인간으로서 보장받아야 할 권리에 대해서 알게 되었다.			
	인권 침해를 해결하기 위한 마음가짐을 지닐 수 있다.			
	구성원들과의 소통을 통해 게임을 진행하고 목표를 달성했다.			

민주주의로 가는 길 게임

학습 목표

민주주의를 구현하기 위한 민주주의 이념, 민주정치의 기본 원리, 정치제도를 제시할 수 있다.

- **지식정보 처리 역량**

  민주주의 실현을 위한 다양한 요소를 알 수 있다.

- **창의적 사고 역량**

  목표 달성을 위해 획득한 카드를 전략적으로 배치할 수 있다.

- **의사소통 역량**

  모둠원과의 소통을 통해 방해 요소를 제거하고 목표를 달성할 수 있다.

준비물(활동 자료는 133쪽 참조)

민주주의로 가는 길 카드 140장(기능 카드 포함), 역할 카드 10장

학습 절차

도입	**모둠 짓기** 참여자에 맞춰 모둠을 구성한다. 2~10명까지 모둠 구성이 가능하다.
진행1	민주주의에 관한 읽기 자료를 사전에 나눠주고 학습한다. 민주주의의 의미와 실현을 위한 방안에 대해 함께 토의해 본다.
진행2	**게임 목표** : 민주주의 실현을 위해 필요한 요소들을 설명할 수 있다. **게임을 하기 전** ① 학생 2~10명을 한 모둠으로 구성한다. ② 대한민국 카드(출발)와 민주주의 카드(도착)를 6~9장 간격으로 떨어뜨려 배치한다.

대한 민국 출발		빈	공	간		민주 주의 도착

③ 역할 카드를 섞은 뒤 선택하여 민주시민과 독재자를 정한다.
- 2~3명 참여 : 민주시민과 독재자 1명
- 4~5명 참여 : 민주시민과 독재자 2명
- 6~7명 참여 : 민주시민과 독재자 3명(독재자 수 조절 가능)
- 8~10명 참여 : 민주시민과 독재자 4명(독재자 수 조절 가능)

④ 각자의 역할에 따른 수행 목표를 확인한다.
- 민주시민 : 대한민국에서 민주주의까지 길을 연결한다.
- 독재자 : 민주시민들이 목표를 달성하지 못하게 방해한다.

⑤ 140장의 민주주의로 가는 길 카드를 섞어서 더미를 만든다.
  (카드 수가 많을 경우 2개의 더미를 만들어도 된다.)

⑥ 게임 설명서(133쪽)를 한 모둠에 1장씩 주고, 게임 방법을 설명한다.

게임 진행 방법
① 가위바위보 등으로 순서를 정하고 바닥에 내려놓은 2장의 카드를 중심으로 둘러앉는다.
- 자리 배치에서 민주시민과 독재자가 골고루 섞이도록 앉으면 좋다.

② 자신의 순서가 되면 다음과 같은 행동 2가지를 해야 한다.
- 길이 그려진 카드[민주주의로 가는 길 카드]를 내려놓아 길을 연결한다.
  (카드는 한 방향이라도 길이 연결되면 원하는 방향으로 사용)
- [기능 카드]를 내려놓아 자신 또는 다른 플레이어에게 적용한다.
- 더미에 쌓인 카드를 가져온다.(1인당 최대 6장까지 보유할 수 있다.)
- 소지하고 있는 카드 1장을 버린다.(버리는 것도 행동 1회로 간주한다.)

	③ 민주시민 플레이어들이 대한민국(출발)에서 민주주의(도착)까지 길로 연결하면 민주시민이 승리한다. ④ 카드를 모두 사용하거나 카드를 모두 사용해도 목표를 달성할 수 없다면 독재자 플레이어가 승리한다.
마무리	① 목표를 달성하기 위해 게임 과정 중에 시민들끼리 어떻게 행동해야 하는지를 통해서 민주주의의 의미와 방향에 대해 토의해 본다. ② 게임 이후 민주주의 실현을 위해 필요한 요소와 방해 요소에 대해 활동지를 작성하고, 학습 내용을 정리한다.

학습 도움말

1. 게임 난이도 조절하기

게임 난이도를 조절하는 3가지 방법이 있다. 첫째, 역할에서 민주시민과 독재자의 비율을 조절한다. 민주시민 역할을 맡은 플레이어와 독재자 역할을 맡은 플레이어의 비율이 1:1에 가까울수록 게임 난이도가 높아진다. 둘째, 출발지와 도착지 사이에 간격을 넓힐수록 목표 달성이 어려워지기 때문에 간격을 이용해서 난이도를 조절한다. 셋째, 맡은 역할에 대해 비공개로 진행할 경우 혼란을 야기하여 목표 달성을 어렵게 한다. 이 경우 마피아 게임처럼 진행하면서 역할을 밝혀내는 추가적 재미도 경험할 수 있다.

2. 게임 진행 과정을 통한 배움

게임을 통해 민주주의 실현을 위해 필요한 요소와 방해 요소를 파악할 수 있다. 더불어 게임 진행 과정에서 의사 결정과 의사소통을 통해 생활 속 민주주의를 경험하고, 게임의 목표를 달성하기 위한 과정이 얼마나 민주적이었는가에 대한 성찰을 통해 민주주의란 무엇인가에 대해 깨우치는 기회를 갖게 된다.

3. 학습 효과를 극대화하려면

게임에 사용된 단어들은 정치 단원에서 배워야 할 수많은 개념을 포함하고 있다. 게임에만 몰입하다 보면 자칫 소홀할 수 있는 개념들의 의미를 게임 이후 함께 토의하는 활동을 진행하거나 카드에 적힌 개념에 대해 학생들이 사전에 조사하고 탐색하는 과정을 거친 다음 게임을 진행할 수도 있다.

4. 게임의 유의 사항

게임에 활용한 기능 카드 중 강제 침묵 카드와 도편추방제(참여 배제) 카드가 특정 학생에게 집중될 경우 해당 학생은 게임에 흥미를 잃는 것은 물론 소외감까지 느낄 수 있다. 따라서 게임 진행 과정에서 교사의 관심이 필요하며, 교사의 판단에 따라 사전에 침묵 카드와 참여 배제 카드의 수를 줄이거나 빼고 게임을 진행할 수도 있다.

5. 수행 평가 및 연계 활동

게임을 통해 알게 된 내용을 바탕으로 실제 역사 속에서 민주주의가 어떻게 발전해 왔는지를 탐구하는 수행 과제를 부여할 수 있다. 또한 게임 속에서 다뤄진 개념들을 바탕으로 우리 사회의 민주주의에 대해 관찰 및 분석하는 연계 활동을 통해 우리 삶과 연계된 정치 수업으로 발전시킬 수 있다.

활동지

민주주의로 가는 길 게임

게임에 활용된 개념을 찾아서 정리해 봅시다.

개념	의미
보통선거	

평가 요소	채점 기준	도달 수준
개념 정리의 타당성	민주주의 관련 개념에 대해 우수한 수준으로 정리함	우수
	민주주의 관련 개념에 대해 보통 수준으로 정리함	보통
	민주주의 관련 개념에 대해 보완이 필요한 수준으로 정리함	향상 필요

자기-동료-교사 평가

1. 자기 평가에는 다음과 같은 내용을 떠올려 기록합니다.

• 게임을 이해하려는 노력	• 게임에 참여하는 태도	• 게임 과정에서 좋았던 것
• 리더에 대한 생각 정립	• 갈등을 풀어가는 과정	• 공동체 활동을 하는 태도
• 학습에서 새로 알게 된 것	• 친구에게 잘 설명한 것	• 수업을 통한 나의 변화

예) 나는 게임 과정에서 다른 사람의 심리를 잘 파악했다.(잘한 것 ⇨공감 능력, 분석력)

2. 동료 평가에는 다음과 같은 내용을 잘 관찰하여 기록합니다.

• 친구가 질문한 내용	• 평소와 다른 행동의 발견	• 감동하고 만족한 것
• 어려움을 극복한 과정	• 갈등을 조율한 과정	• 친구가 자랑스러웠던 것
• 친구가 잘한 것	• 수업을 통해 발견한 친구의 장점	• 상대방에 대한 경청과 배려

3. 교사 평가는 교사가 게임 과정에서 발견한 내용을 기록합니다.

- • 게임 과정에서 교사가 구체적인 역량 요소를 관찰하여 발견한 경우
- • 게임 과정에서 학생이 교사에게 의미 있는 질문을 한 것
- • 교사가 정의적인 부분에서 칭찬할 만한 경우

게임 활동 평가

자기 평가	동료 평가	교사 평가

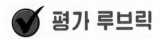 평가 루브릭

아래 내용을 참고하여 이 주제의 학습 활동에 대한 소감문을 써봅시다.

활동 주제		학번	
활동 일시		성명	

◎ 아래 항목 중 3~4개 정도를 선택하여 활동 소감문을 자유롭게 작성하세요.
· 나는 이 주제 활동에서 (   ) 역할을 수행했습니다.
· 나는 이 주제 활동에서 (   )에 관한 질문을 했습니다.
· 나는 이 주제 활동에서 (   )에 대해 배웠습니다.
· 나는 이 주제 활동 이후 (   )에 대해 더 알고 싶습니다.
· 나는 이 주제 활동에서 (   )이(가) 가장 재미있었습니다.
· 나는 이 주제 활동에서 (   )이(가) 어려워서 도움이 필요했습니다.
· 이 주제 활동에서 나에게 가장 중요한 것은 (   )이었습니다.
· 나는 이 주제 활동에서 (   )을(를) 새롭게 발견했습니다.

자기 활동에 대한 평가

평가 영역	평가 내용	상	중	하
정의적 영역	나는 이 활동에 적극적으로 참여했다.			
	활동 과정에서 다른 사람들을 배려했다.			
	게임에서 같은 역할을 맡은 사람들과 협력했다.			
인지적 영역	나는 이 활동에서 민주주의에 필요한 요소들을 알게 되었다.			
역량 영역	민주주의 실현을 위한 다양한 요소를 설명할 수 있게 되었다.			
	카드 배치 과정에서 목표 달성을 위한 전략을 알게 되었다.			
	구성원들과의 소통을 통해 게임을 진행하고 목표를 달성했다.			

활동 자료

게임 준비(모둠별)

1. 세팅
문화지역 카드를 섞어서 더미를 만든다.

2. 시작
가위바위보 등을 통해 게임 순서를 정한다.
첫 번째 플레이어의 오른쪽 또는 왼쪽으로 정한다.

게임 진행

3. 게임

1) 참여자 수에 따라서 문화지역 카드를 섞어서 나눠 갖는다.
   · 2~3명일 때는 8장씩 갖는다.
   · 4~5명일 때는 7장씩 갖는다.
   · 남은 카드는 더미를 만들어 가운데 둔다.

2) 자기 순서에 손에 쥐고 있는 카드를 규칙에 따라 내려놓는다.
   · 같은 종류의 문화지역 카드는 한 번에 2~3장을 내려놓을 수 있다.
   (처음 바닥에 내려놓을 때는 한 번에 3장까지 내려놓을 수 있다.)
   · 단독으로 1장의 문화지역 카드를 바닥에 내려놓을 수는 없다.
   (처음 바닥에 내려놓을 때는 2장 이상이 되어야 내려놓을 수 있다.)
   · 같은 문화지역 카드 2장 이상이 바닥에 이미 놓여 있는 경우 추가로 같은 문화지역 카드 1장을 내려놓을 수 있다.
   (추가로 내려놓을 경우 2장 이상의 카드를 내려놓을 수는 없다.)
   · 내려놓을 카드가 없을 경우 더미에서 1장

을 가져온다.

3) 게임 종료 조건 : 규칙에 따라 먼저 모든 카드를 내려놓는 사람이 나오면 게임을 종료한다. 추가로 게임을 진행해서 순위를 정하는 것도 가능하다.

게임 결과

4. 승리 조건(가장 먼저 카드를 바닥에 내려놓으면 이김)
· 규칙에 따라 자신이 보유한 모든 카드를 바닥에 내려놓으면 승리한다.
· 가장 먼저 바닥에 내려놓은 사람이 5점, 그다음은 4점과 같이 점수를 부여하고 여러 차례 게임을 진행하여 승점이 높은 사람이 우승하는 방식으로 진행한다.

아프리카 문화권

흑인문화

아프리카 문화권

부족문화

아프리카 문화권

토속신앙

아프리카 문화권

자연과 공존

아프리카 문화권

부부젤라, 젬베

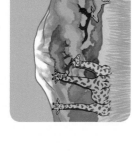

아프리카 문화권

식민지 경험

건조 문화권

이슬람교

건조 문화권

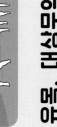

유목, 대상무역

건조 문화권

부르카, 히잡

건조 문화권

돼지고기 금기

건조 문화권

아랍어

건조 문화권

아라비안나이트

유럽
문화권

그리스·로마 문화

유럽
문화권

민주주의 발상지

유럽
문화권

산업혁명 발상지

유럽
문화권

이원내각제 시작

유럽
문화권

올림픽 발상지

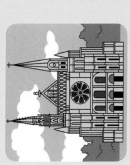

유럽
문화권

크리스트교

앵글로아메리카 문화권

서부 유럽의 영향

앵글로아메리카 문화권

산업 발달

앵글로아메리카 문화권

개신교

앵글로아메리카 문화권

미국, 캐나다

앵글로아메리카 문화권

다양한 인종

앵글로아메리카 문화권

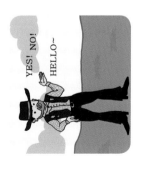

영어 사용

대승불교

불상(대형) 제작

벼농사

젓가락 사용

유교

한자 사용

동남아시아
문화권

동남아시아
문화권

소승불교

태국, 캄보디아

동남아시아
문화권

동남아시아
문화권

벼농사

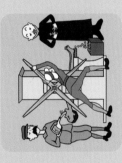

유럽 식민지 경험

동남아시아
문화권

동남아시아
문화권

다양한 문화 공존

중국과 인도의 영향

인도
문화권

힌두교

인도
문화권

다신교

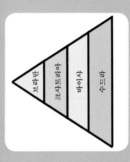

인도
문화권

카스트제도

인도
문화권

요가

인도
문화권

암소 숭배

인도
문화권

산스크리트어

북극 문화권

북극해 연안 툰드라 지역

북극 문화권

자원 개발로 인한 변화

북극 문화권

순록 유목

북극 문화권

라프족, 네네츠족

북극 문화권

어로와 수렵

북극 문화권

이누이트

오세아니아 문화권

개신교

오세아니아 문화권

오스트레일리아 뉴질랜드 일대

오세아니아 문화권

영어

오세아니아 문화권

태평양제도의 섬문화

오세아니아 문화권

유럽 문화의 영향

오세아니아 문화권

원주민 문화와 공존

라틴아메리카 문화권

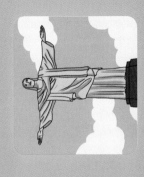

가톨릭교

라틴아메리카 문화권

마야, 잉카 문명

라틴아메리카 문화권

다양한 혼혈

라틴아메리카 문화권

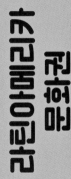

문화 융합

라틴아메리카 문화권

에스파냐어 포르투갈어

라틴아메리카 문화권

남부 유럽의 영향

★게임에서는 1장만 사용하세요.

게임 준비(모둠별)

1. 세팅

게임판을 펼치고, 인권 침해 카드를 섞어서 더미를 만든다.

2. 시작

· 2~4명일 경우 모두 인권탐험대를 하고, 가상의 인권 침해자가 있다고 가정한다.

· 5명일 경우 4명의 인권탐험대와 1명의 인권 침해자로 역할을 정한다.

게임 진행

3. 게임

1) 인권탐험대 역할의 플레이어는 권리 카드를 20장씩(권리 꾸러미) 받는다.

2) 순서에 따라 주사위를 던져서 도착지인 인권이 보장되는 미래를 향해 전진한다.

3) 인권탐험대 역할의 플레이어가 주사위를 모두 던져 이동하였다면 인권 침해자도 주사위를 던져서 추격을 시작한다.

· 인권 침해자의 출발 장소는 인권탐험대보다 뒤쪽에 위치한다.

4) 인권탐험대 중 1명이 인권 침해 현장 칸에 도달한 경우 더미에 있는 인권 침해 카드를 1장 뒤집어 읽는다.

· 카드에 적힌 인권 침해를 해결하기 위해 필요한 권리 카드를 찾아서 제시하면 점수(+1점)를 획득하게 된다.(해당 내용을 인권 탐험 기록장에 기록해야 한다.)

· 적절한 권리 카드를 제시하지 못하면 그 자리에서 1회 휴식을 취한다.

· 한 번 사용한 권리 카드는 다시 사용할 수 없다.(사용한 카드는 제출한다.)

· 권리 카드를 모두 소진한 경우 인권탐험대 동료가 대신 제출할 수도 있다.

5) 자유 보장, 인간다운 삶 보장과 같이 인권에 필요한 요소 칸에 도달한 경우 인권 탐험 기록장에 기록하여 점수(+1점)를 획득한다.

6) 인권 침해자에게 말이 붙잡히거나 더 늦게 목적지에 도달한 플레이어는 게임에서 탈락한다.

7) 게임 종료 조건 : 인권탐험대 모두가 인권 침해자를 피해 도착지에 도달하거나 인권 침해자에게 모든 인권탐험대 말이 잡히거나 인권 침해자가 도착지에 도달한 경우 게임은 끝난다.

게임 결과

4. 승리 조건

1) 인권탐험 대원 중 인권 침해자보다 먼저 도착지에 도달하고 가장 높은 점수를 획득한 사람이 승리한다.

· 도착 순서에 따라 1등은 +5점, 2등은 +4점, 3등은 +3점의 추가 점수를 받는다.

2) 인권탐험대 모두 실패 없이 도착한 경우 점수와 관계없이 모두 승리한 것으로 인정한다(공동 우승).

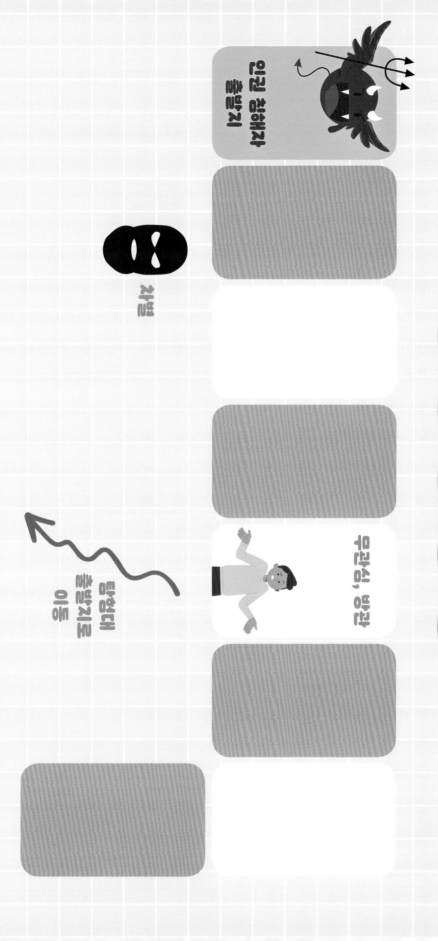

인권탐험대 게임판

인권 침해자 출발지

차별

무관심, 방관

탐험대 출발지로 이동

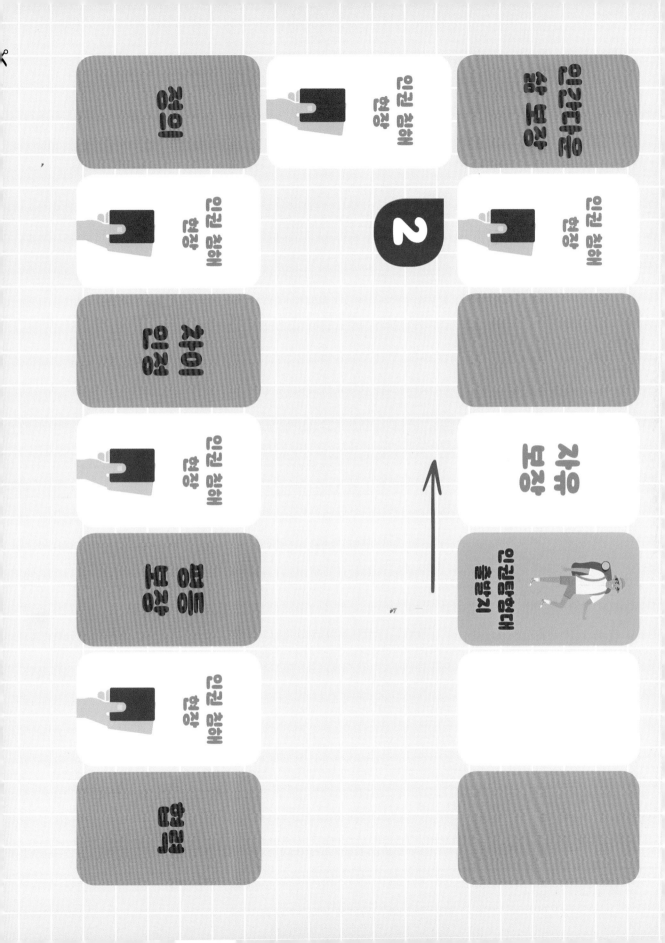

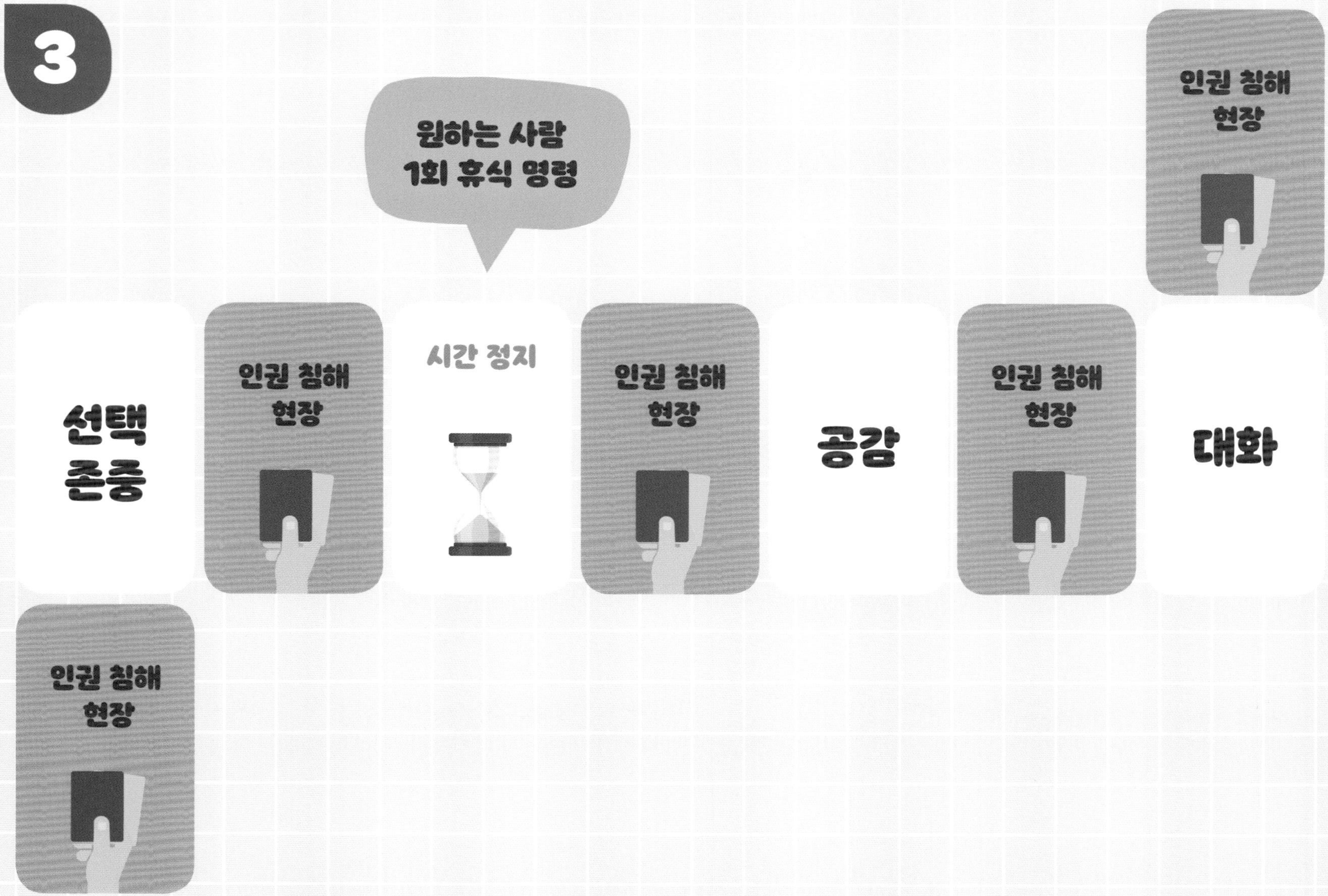

3

인권 침해해
현장

셔터를
눌러

인권 침해해
현장

시간 정지

인권 침해해
현장

멈함하는 사람
1회 후식 멈함

감상

인권 침해해
현장

인권 침해해
현장

대화

인권 침해해
현장

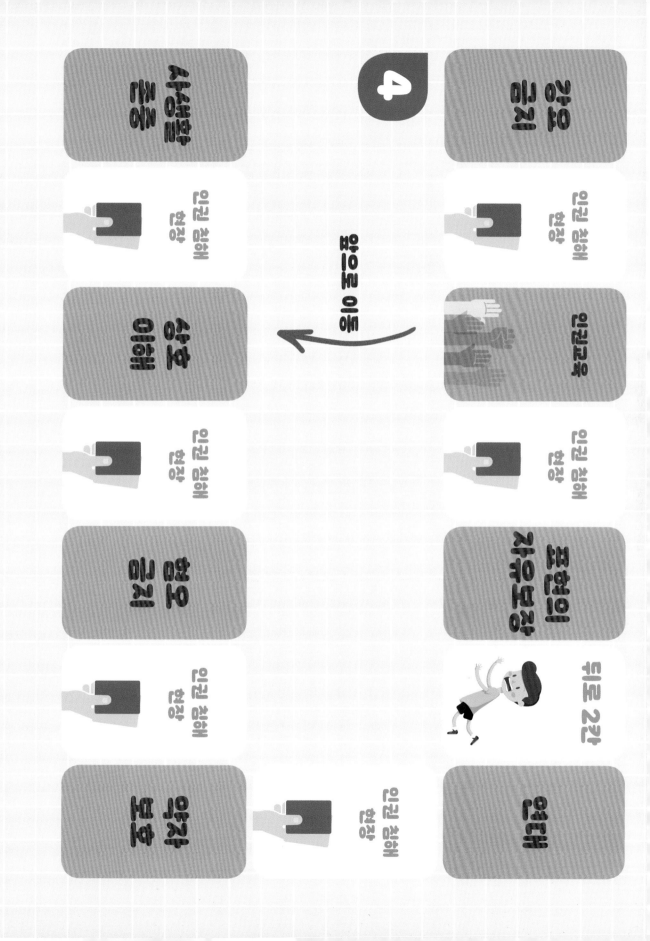

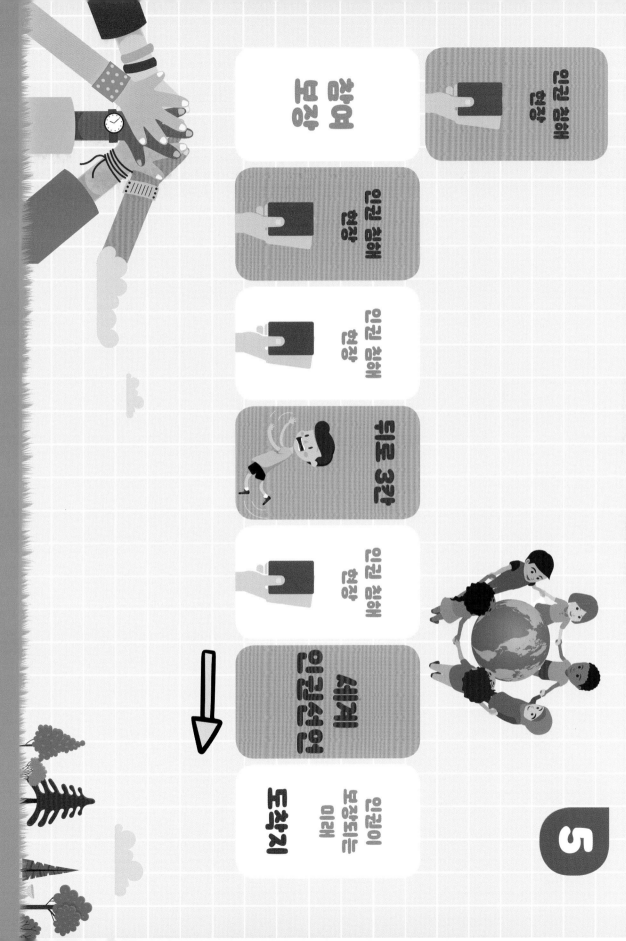

캐릭터 카드

로자
파크스

에밀
데이비슨

전태일

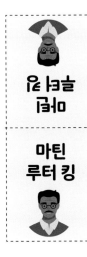

마틴
루터 킹

인권
침해자

여자는
교육받지 마!

여전히 여성은 교육을 받을 필요 없다는 생각을 가진 나라들이 많이 존재해요.

엄마를 부탁해!

1분에 1명씩 부족한 병원과 가난으로 임신과 출산 중에 여성이 사망하고 있어요.

함부로
의견 내지 마!

전 세계의 80%에 가까운 나라들은 정부 의견에 반대한다는 이유로 고문과 학대를 자행해요.

억울해
죽겠어요!

증거도 없이 체포하고 고문을 통해 자백을 받은 후 처벌하는 일들이 여전히 존재해요.

싸우고 싶지
않아요

전 세계 30만 명의 어린이들이 무장단체의 소년병으로 전쟁에 내몰리고 있어요.

내 생각을
표현하고파

온라인에 자신의 생각을 자유롭게 올리면 징역과 채찍질을 받는 나라가 존재해요.

가난이 죄인가요!

가난하다는 이유만으로 사회에서 소외되고 폭력과 불안의 위협을 받는 경우가 많아요.

안전하게 살고파!

10억 명 이상의 사람들이 위생시설, 전기, 의료 등을 누리지 못하고 열악하게 살고 있어요.

지우고 싶어요!

과거에 올려진 혹은 현상 적으로 계속해서 괴로 워하며 살고 있는 사람 들이 있어요.

표현을 제약하지 마!

정치적 이유로 특정 공 연이나 전시물을 통제 하고 검열하는 일이 일 어나고 있어요.

난 알고 싶어요!

위험 지역에서 수입되 는 먹거리의 원산지 정 보가 충분히 제공되지 못하고 있어요.

괴롭히지 말아요!

학교 폭력으로 장기간 괴롭힘, 협박 등에 시달 리는 청소년들이 힘들 어하고 있어요.

정당하게 대우해 주세요!

동일한 노동을 했는데 여성, 계약직이란 이유로 작은 임금을 받는 일이 여전해요.

상관없는 건 묻지 마!

회사 입사를 위한 면접에서 부모님의 직업과 어디에 사는지를 묻는 일이 여전히 존재해요.

결혼은 내가 결정

자신이 아닌 집안 어른들의 결정으로 원하지 않는 사람과 결혼하는 일이 아직도 존재해요.

제대로 도와줘!

정부기관의 미흡한 대처로 국가와 법의 보호를 받지 못하고 부당한 처벌을 받는 일이 있어요.

자유롭게 다니고 싶다

여전히 장애인 보행을 위한 편의시설이 부족한 관광지가 많이 존재해요.

사장님 나빠요!

외국인이라는 이유로 임금을 체불하거나 다쳐도 제대로 치료해주지 않는 기업이 있어요.

결혼이
죄인가요

기혼 여성을 퇴사시키거나 결혼을 하면 퇴사한다는 조항을 계약에 넣은 기업이 존재해요.

내 신념을
지킬래

특정 종교를 비판했다는 이유로 목숨을 잃거나 감옥에 갇히는 국가가 다수 존재해요.

피부색은
상관없어!

피부색이 다르다는 이유로 사회적으로 부당한 대우 및 무시를 받는 곳이 존재해요.

신분제는 그만!

신분이 다른 남녀가 결혼했다는 이유로 살해되거나 신분에 따라 특정 직업을 강요받는 곳이 있어요.

공부하게
해주세요!

생계를 위해 어린이들도 하루 대부분의 시간을 노동에 내몰리는 지역이 존재해요.

안전을
지켜주세요

폐에 치명적인 화학제품에 대한 규제가 소홀해서 목숨을 잃거나 장애를 얻는 일이 있어요.

자기 결정권

우리는 모두 국가의 간섭 없이 자신의 중요한 결정에 대해서 스스로의 판단으로 선택하고 결정할 수 있어야 해요.

알 권리

우리는 모두 자신이 속한 사회에 대한 주요한 정보를 자유롭게 수렴, 수집하거나 정보 공개를 청구할 수 있어요.

정신적 자유

우리는 모두 사상과 학문, 양심에 대한 의견, 종교적 선택, 언론과 출판에 대해 자유로울 수 있어요.

잊힐 권리

우리는 모두 소셜네트워크 서비스나 포털 게시판에 올린 게시물에 대해서 원하면 지울 수 있어요.

노동할 권리

자유롭게 직업을 선택하고 적정한 노동 조건에서 일하며 실업에 대한 보호를 요구할 수 있어요.

교육받을 권리

능력에 따라 균등한 교육을 받을 수 있어요. 교육은 인격의 발전과 인권 존중의 강화를 목표로 해요.

의식주 보장

적합한 생활수준을 누릴 수 있는 충분한 옷과 음식, 집을 가지고 가족과 함께 생활할 수 있어요.

사랑하는 사람과 결혼

결혼은 두 사람이 동의가 있을 때 자유롭게 할 수 있으며 누구나 사랑하는 사람과 가정을 이룰 수 있어요.

저항권

우리 모두는 우리의 기본적 권리를 침해하는 부당한 국가권력에 대해서 복종을 거부하거나 저항할 수 있어요.

자유

우리는 모두 태어날 때부터 자유로워요. 신체적, 정신적, 사회·경제적으로 간섭을 받지 않고 자유롭게 생활할 수 있어요.

고문 금지

어느 누구도 고문 및 잔혹하고 비인도적이거나 굴욕적인 대우나 처우의 대상이 되어서는 안 돼요.

공정한 재판

우리 모두 법 앞에서 평등하고 어떠한 차별 없이 법의 보호를 받을 수 있어요. 독립적인 법원에서 공정한 재판을 받을 수도 있어요.

사생활 존중

우리는 모두 자신만의 사생활을 누릴 수 있어요. 어느 누구도 개인이 누리는 사적인 영역을 함부로 침범하면 안 돼요.

여행과 국적 선택 자유

우리는 자유롭게 여행할 수 있으며 괴롭힘을 피해 안전한 곳으로 갈 수 있어요. 국적을 선택할 수 있으며 함부로 빼앗을 수 없어요.

생각과 표현의 자유

우리는 자유롭게 생각하고 표현할 수 있어요. 표현의 자유를 억압하는 일체의 검열과 처벌은 금지되어야 해요.

인간다운 삶 보장

우리는 모두 실업, 질병, 자연재해, 나이에 상관없이 최소한의 인간다운 삶을 유지할 수 있도록 사회보장제도를 누릴 수 있어요.

청구할 권리

우리는 우리의 이익과 권리를 보장받기 위해 일정한 행위를 국가에 적극적으로 요구할 수 있어요.

쾌적한 환경에서 살 권리

우리는 모두 깨끗하고 안전한 곳에서 거주하고 건강한 삶을 영위할 수 있어요. 필요한 경우 국가에 요구도 할 수 있어요.

쉴 수 있는 권리

우리가 필요할 때 충분한 휴식을 취할 수 있어요. 여가생활을 갖고 자유롭게 문화·생활을 즐길 수 있어요.

평등

우리는 태어날 때부터 평등합니다. 누구도 피부색, 성별, 종교, 언어, 국적, 신념이 다르다는 이유로 차별을 받아선 안 돼요.

자기 결정권

우리는 모두 국가의 간섭 없이 자신의 중요한 결정에 대해서 스스로의 판단으로 선택하고 결정할 수 있어야 해요.

알 권리

우리는 모두 자신이 속한 사회에 대한 주요한 정보를 자유롭게 수령, 수집하거나 정보 공개를 청구할 수 있어요.

정신적 자유

우리는 모두 사상과 학문, 양심에 대한 의견, 종교적 선택, 언론과 출판에 대해 자유로울 수 있어요.

잊힐 권리

우리는 모두 소셜네트워크 서비스나 포털 게시판에 올린 게시물에 대해서 원하면 지울 수 있어요.

노동할 권리

자유롭게 직업을 선택하고 적절한 노동 조건에서 일하며 실업에 대한 보호를 요구할 수 있어요.

교육받을 권리

능력에 따라 균등한 교육을 받을 수 있어요. 교육은 인격의 발전과 인권 존중의 강화를 목표로 해요.

의식주 보장

적합한 생활수준을 누릴 수 있는 충분한 옷과 음식, 집을 가지고 가족과 함께 생활할 수 있어요.

사랑하는 사람과 결혼

결혼은 두 사람이 동의가 있을 때 자유롭게 할 수 있으며 누구나 사랑하는 사람과 가정을 이룰 수 있어요.

저항권

우리 모두는 우리의 기본적 권리를 침해하는 부당한 국가권력에 대해서 복종을 거부하거나 저항할 수 있어요.

자유

우리는 모두 태어날 때부터 자유로워요. 신체적, 정신적, 사회·경제적으로 간섭을 받지 않고 자유롭게 생활할 수 있어요.

고문 금지

어느 누구도 고문 및 잔혹하고 비인도적이거나 굴욕적인 대우나 처우의 대상이 되어서는 안 돼요.

공정한 재판

우리 모두 법 앞에서 평등하고 어떠한 차별 없이 법의 보호를 받을 수 있어요. 독립적인 법원에서 공정한 재판을 받을 수도 있어요.

사생활 존중

우리는 모두 자신만의 사생활을 누릴 수 있어요. 어느 누구도 개인이 누리는 사적인 영역을 함부로 침범하면 안 돼요.

여행과 국적 선택 자유

우리는 자유롭게 여행할 수 있으며 괴롭힘을 피해 안전한 곳으로 갈 수 있어요. 국적을 선택할 수 있으며 함부로 빼앗을 수 없어요.

생각과 표현의 자유

우리는 자유롭게 생각하고 표현할 수 있어요. 표현의 자유를 억압하는 일체의 검열과 처벌은 금지되어야 해요.

인간다운 삶 보장

우리는 모두 실업, 질병, 자연재해, 나이에 상관없이 최소한의 인간다운 삶을 유지할 수 있도록 사회보장제도를 누릴 수 있어요.

115

청구할 권리

우리는 우리의 이익과 권리를 보장받기 위해 일정한 행위를 국가에 적극적으로 요구할 수 있어요.

쾌적한 환경에서 살 권리

우리는 모두 깨끗하고 안전한 곳에서 거주하고 건강한 삶을 영위할 수 있어요. 필요한 경우 국가에 요구도 할 수 있어요.

쉴 수 있는 권리

우리가 필요할 때 충분한 휴식을 취할 수 있어요. 여가생활을 갖고 자유롭게 문화·생활을 즐길 수 있어요.

평등

우리는 태어날 때부터 평등합니다. 누구도 피부색, 성별, 종교, 언어, 국적, 신념이 다르다는 이유로 차별을 받아선 안 돼요.

자기 결정권

우리는 모두 국가의 간섭 없이 자신의 중요한 결정에 대해서 스스로의 판단으로 선택하고 결정할 수 있어야 해요.

알 권리

우리는 모두 자신이 속한 사회에 대한 주요한 정보를 자유롭게 수령, 수집하거나 정보 공개를 청구할 수 있어요.

정신적 자유

우리는 모두 사상과 학문, 양심에 대한 의견, 종교적 선택, 언론과 출판에 대해 자유로울 수 있어요.

잊힐 권리

우리는 모두 소셜네트워크 서비스나 포털 게시판에 올린 게시물에 대해서 원하면 지울 수 있어요.

노동할 권리

자유롭게 직업을 선택하고 적절한 노동 조건에서 일하며 실업에 대한 보호를 요구할 수 있어요.

교육받을 권리

능력에 따라 균등한 교육을 받을 수 있어요. 교육은 인격의 발전과 인권 존중의 강화를 목표로 해요.

의식주 보장

적합한 생활수준을 누릴 수 있는 충분한 옷과 음식, 집을 가지고 가족과 함께 생활할 수 있어요.

사랑하는 사람과 결혼

결혼은 두 사람이 동의가 있을 때 자유롭게 할 수 있으며 누구나 사랑하는 사람과 가정을 이룰 수 있어요.

저항권

우리 모두는 우리의 기본적 권리를 침해하는 부당한 국가권력에 대해서 복종을 거부하거나 저항할 수 있어요.

자유

우리는 모두 태어날 때부터 자유로워요. 신체적, 정신적, 사회·경제적으로 간섭을 받지 않고 자유롭게 생활할 수 있어요.

고문 금지

어느 누구도 고문 및 잔혹하고 비인도적이거나 굴욕적인 대우나 처우의 대상이 되어서는 안 돼요.

공정한 재판

우리 모두 법 앞에서 평등하고 어떠한 차별 없이 법의 보호를 받을 수 있어요. 독립적인 법원에서 공정한 재판을 받을 수도 있어요.

사생활 존중

우리는 모두 자신만의 사생활을 누릴 수 있어요. 어느 누구도 개인이 누리는 사적인 영역을 함부로 침범하면 안 돼요.

여행과 국적 선택 자유

우리는 자유롭게 여행할 수 있으며 괴롭힘을 피해 안전한 곳으로 갈 수 있어요. 국적을 선택할 수 있으며 함부로 빼앗을 수 없어요.

생각과 표현의 자유

우리는 자유롭게 생각하고 표현할 수 있어요. 표현의 자유를 억압하는 일체의 검열과 처벌은 금지되어야 해요.

인간다운 삶 보장

우리는 모두 실업, 질병, 자연재해, 나이에 상관없이 최소한의 인간다운 삶을 유지할 수 있도록 사회보장제도를 누릴 수 있어요.

청구할 권리

우리는 우리의 이익과 권리를 보장받기 위해 일정한 행위를 국가에 적극적으로 요구할 수 있어요.

쾌적한 환경에서 살 권리

우리는 모두 깨끗하고 안전한 곳에서 거주하고 건강한 삶을 영위할 수 있어요. 필요한 경우 국가에 요구도 할 수 있어요.

쉴 수 있는 권리

우리가 필요할 때 충분한 휴식을 취할 수 있어요. 여가생활을 갖고 자유롭게 문화·생활을 즐길 수 있어요.

평등

우리는 태어날 때부터 평등합니다. 누구도 피부색, 성별, 종교, 언어, 국적, 신념이 다르다는 이유로 차별을 받아선 안 돼요.

자기 결정권

우리는 모두 국가의 간섭 없이 자신의 중요한 결정에 대해서 스스로의 판단으로 선택하고 결정할 수 있어야 해요.

알 권리

우리는 모두 자신이 속한 사회에 대한 주요한 정보를 자유롭게 수령, 수집하거나 정보 공개를 청구할 수 있어요.

정신적 자유

우리는 모두 사상과 학문, 양심에 대한 의견, 종교적 선택, 언론과 출판에 대해 자유로울 수 있어요.

잊힐 권리

우리는 모두 소셜네트워크 서비스나 포털 게시판에 올린 게시물에 대해서 원하면 지울 수 있어요.

노동할 권리

자유롭게 직업을 선택하고 적절한 노동 조건에서 일하며 실업에 대한 보호를 요구할 수 있어요.

교육받을 권리

능력에 따라 균등한 교육을 받을 수 있어요. 교육은 인격의 발전과 인권 존중의 강화를 목표로 해요.

의식주 보장

적합한 생활수준을 누릴 수 있는 충분한 옷과 음식, 집을 가지고 가족과 함께 생활할 수 있어요.

사랑하는 사람과 결혼

결혼은 두 사람이 동의가 있을 때 자유롭게 할 수 있으며 누구나 사랑하는 사람과 가정을 이룰 수 있어요.

저항권

우리 모두는 우리의 기본적 권리를 침해하는 부당한 국가권력에 대해서 복종을 거부하거나 저항할 수 있어요.

자유

우리는 모두 태어날 때부터 자유로워요. 신체적, 정신적, 사회·경제적으로 간섭을 받지 않고 자유롭게 생활할 수 있어요.

고문 금지

어느 누구도 고문 및 잔혹하고 비인도적이거나 굴욕적인 대우나 처우의 대상이 되어서는 안 돼요.

공정한 재판

우리 모두 법 앞에서 평등하고 어떠한 차별 없이 법의 보호를 받을 수 있어요. 독립적인 법원에서 공정한 재판을 받을 수도 있어요.

사생활 존중

우리는 모두 자신만의 사생활을 누릴 수 있어요. 어느 누구도 개인이 누리는 사적인 영역을 함부로 침범하면 안 돼요.

여행과 국적 선택 자유

우리는 자유롭게 여행할 수 있으며 괴롭힘을 피해 안전한 곳으로 갈 수 있어요. 국적을 선택할 수 있으며 함부로 빼앗을 수 없어요.

생각과 표현의 자유

우리는 자유롭게 생각하고 표현할 수 있어요. 표현의 자유를 억압하는 일체의 검열과 차별은 금지되어야 해요.

인간다운 삶 보장

우리는 모두 실업, 질병, 자연재해, 나이에 상관없이 최소한의 인간다운 삶을 유지할 수 있도록 사회보장제도를 누릴 수 있어요.

청구할 권리

우리는 우리의 이익과 권리를 보장받기 위해 일정한 행위를 국가에 적극적으로 요구할 수 있어요.

쾌적한 환경에서 살 권리

우리는 모두 깨끗하고 안전한 곳에서 거주하고 건강한 삶을 영위할 수 있어요. 필요한 경우 국가에 요구도 할 수 있어요.

쉴 수 있는 권리

우리가 피요할 때 충분한 휴식을 취할 수 있어요. 여가생활을 갖고 자유롭게 문화·생활을 즐길 수 있어요.

평등

우리는 태어날 때부터 평등합니다. 누구도 피부색, 성별, 종교, 언어, 국적, 신념이 다르다는 이유로 차별을 받아선 안 돼요.

게임 준비(모둠별)

1. 세팅

대한민국 카드(출발지)와 민주주의 카드(도착지)를 배치하고, 민주주의 카드를 섞어서 더미를 만든다.(출발지와 도착지의 간격은 협의해서 카드 6~9장 간격으로 한다.)

2. 시작

1) 역할 카드를 섞은 뒤 선택하여 게임을 위한 역할을 정한다.
   · 2~3명 참여 : 민주시민과 독재자 1명
   · 4~5명 참여 : 민주시민과 독재자 2명
   · 6~7명 참여 : 민주시민과 독재자 3명
   · 8~10명 참여 : 민주시민과 독재자 4명
2) 민주시민과 독재자 역할을 맡은 플레이어들은 각자의 수행 목표를 확인한다.
   · 민주시민은 대한민국(출발지)에서 민주주의(도착지)까지 길을 연결해야 한다.
   · 독재자는 민주시민들이 목표를 달성하지 못하게 방해한다.
3) 카드 140장을 섞어서 더미를 만든다.

게임 진행

3. 게임

1) 가위바위보 등으로 순서를 정하고 바닥에 내려놓은 2장의 카드를 중심으로 둘러앉는다.(자리 배치는 역할이 골고루 섞이도록 하는 것을 권장한다.)
2) 자신의 순서가 되면 다음 행동 중 반드시 2가지를 해야 한다.(같은 행동을 반복할 수도 있다.)
   · 카드 중에서 길이 그려진 카드를 내려놓아

길을 연결한다.(길 카드는 반드시 대한민국 카드(출발지)와 연결되어야 한다.)
· 기능 카드를 내려놓아 자신 또는 다른 플레이어에게 적용한다.
· 강제침묵 카드 : 이 카드를 받은 사람은 게임 중에 말을 할 수 없다. 대화 참여 카드를 스스로 적용하거나 다른 플레이어가 적용시켜 주면 말을 할 수 있다.
· 도편추방제 카드 : 이 카드를 받은 사람은 길 만들기에 참여할 수 없다. 대신 카드를 버리고 받을 수 있고 다른 기능 카드는 사용할 수 있다. 아고라 카드를 스스로 적용하거나 다른 플레이어가 적용시켜 주면 길 만들기에 참여할 수 있다.
· 시민혁명 카드 : 이미 연결된 길(카드)을 제거할 수 있다. 연결이 끊긴 길은 대한민국 카드(출발지)와 연결되기 전까지 다른 길을 연결할 수 없다.
· 찬스 카드 : 자기 순서에 내려놓으면 더미에서 3장의 카드를 가져올 수 있다.
· 더미에 쌓여 있는 카드를 가져온다.(1인당 최대 6장만 카드를 보유할 수 있다.)
· 소지하고 있는 카드 1장을 버린다.(버리는 것도 행동 1회로 간주한다.)
3) 역할별로 목표를 달성할 때까지 순서대로 돌아가며 게임을 진행한다.
4) 게임 종료 조건 : 카드를 모두 소진하여 더 이상 사용할 카드가 없거나 남은 카드를 모두 사용해도 민주시민이 목표를 달성할 수 없는 경우 또는 대한민국(출발지)에서 민주주의(도착지)까지 길이 연결된 경우 게임이 끝난다.

게임 결과

4. 승리 조건

1) 민주시민 플레이어들은 대한민국(출발지)에서 민주주의(도착지)까지 길을 연결하면 목표를 달성하여 승리한다.

2) 카드를 모두 사용하거나 카드를 모두 사용해도 목표를 달성할 수 없다고 판단되면 독재자 플레이어 팀이 승리한다.

독재자

독재자

독재자

독재자

137

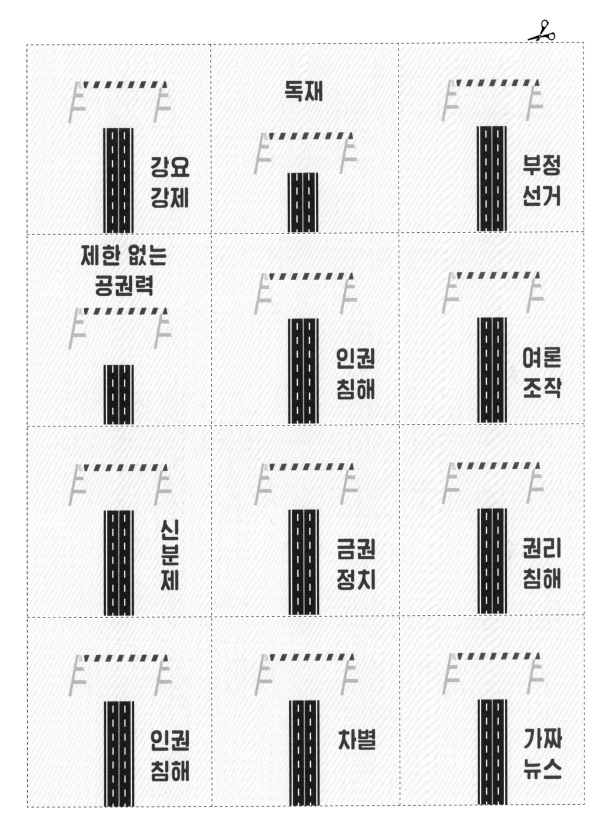

강요 강제	독재	부정 선거
제한 없는 공권력	인권 침해	여론 조작
신 분 제	금권 정치	권리 침해
인권 침해	차별	가짜 뉴스

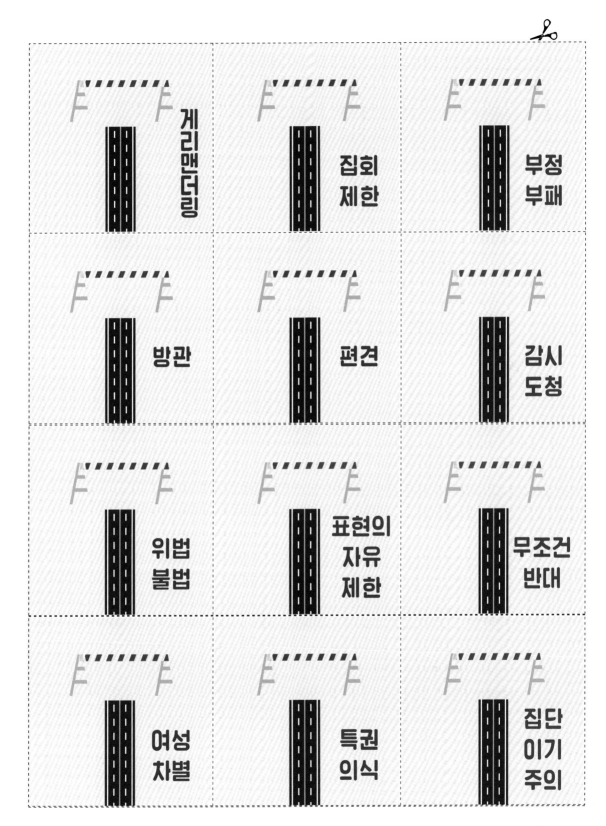

게리맨더링

집회 제한

부정 부패

방관

편견

감시 도청

위법 불법

표현의 자유 제한

무조건 반대

여성 차별

특권 의식

집단 이기 주의

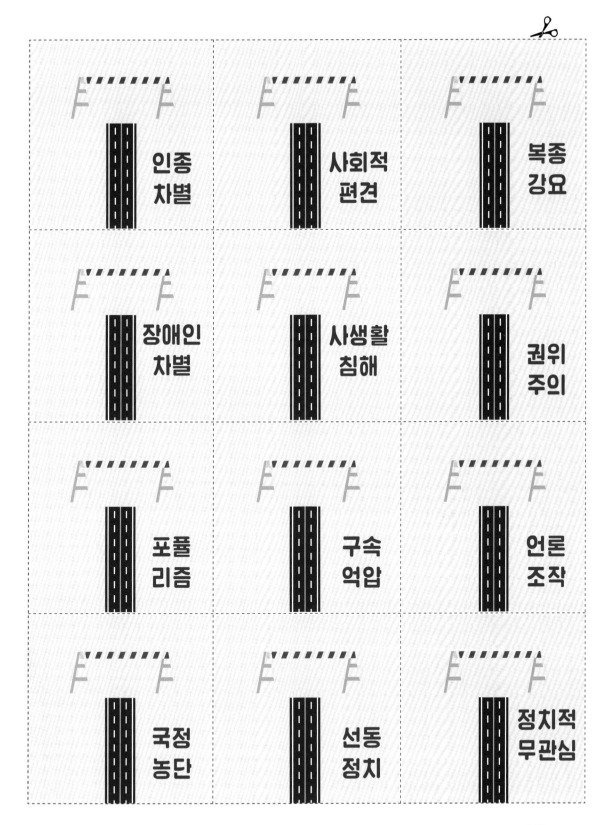

인종
차별

사회적
편견

복종
강요

장애인
차별

사생활
침해

권위
주의

포퓰
리즘

구속
억압

언론
조작

국정
농단

선동
정치

정치적
무관심

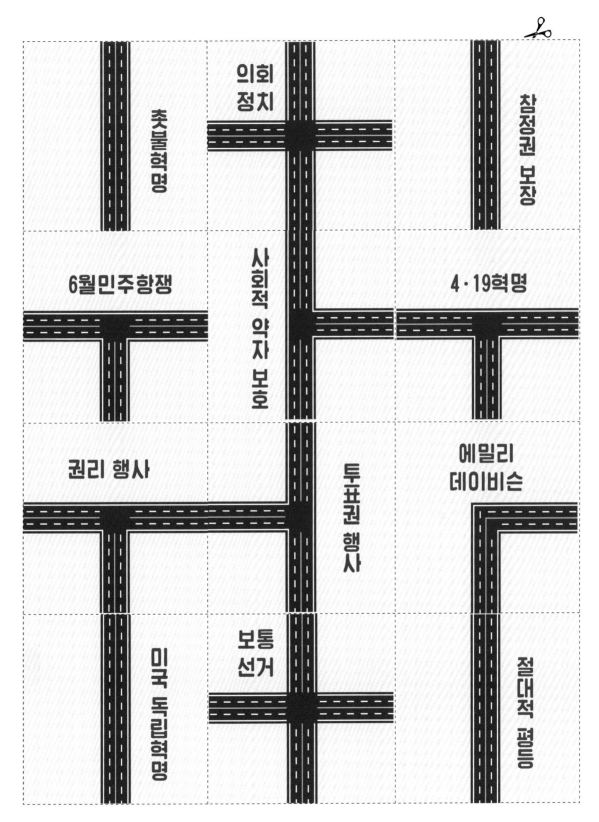

촛불혁명

의회
정치

참정권 보장

6월민주항쟁

사회적 약자 보호

4·19혁명

권리 행사

투표권 행사

에밀리
데이비슨

미국 독립혁명

보통
선거

절대적 평등

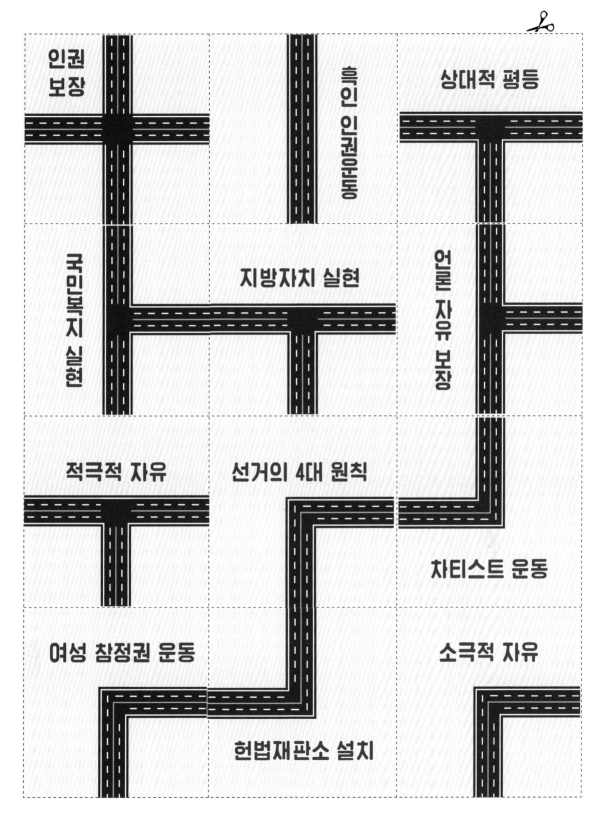

인권 보장

흑인 인권운동

상대적 평등

국민복지 실현

지방자치 실현

언론 자유 보장

적극적 자유

선거의 4대 원칙

차티스트 운동

여성 참정권 운동

헌법재판소 설치

소극적 자유

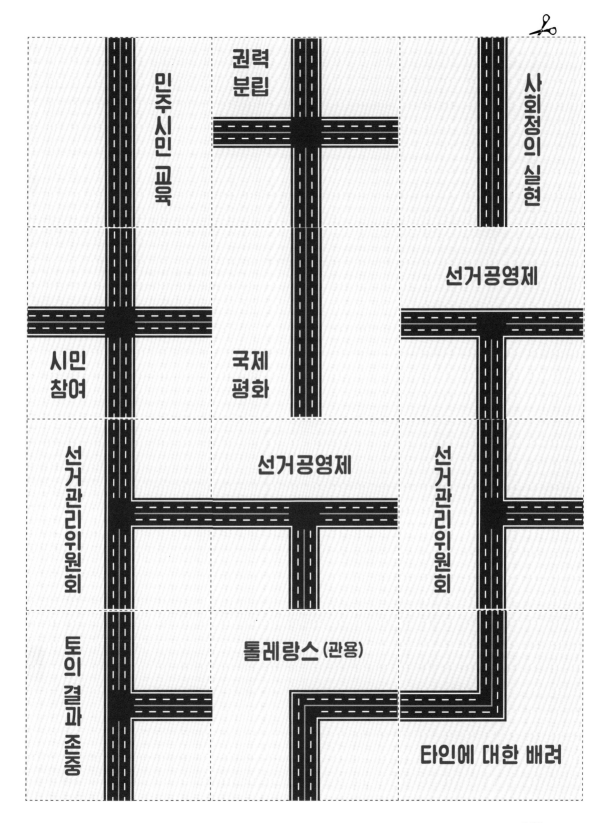

민주시민 교육

권력 분립

사회정의 실현

시민 참여

국제 평화

선거공영제

선거관리위원회

선거공영제

선거관리위원회

토의 결과 존중

톨레랑스 (관용)

타인에 대한 배려

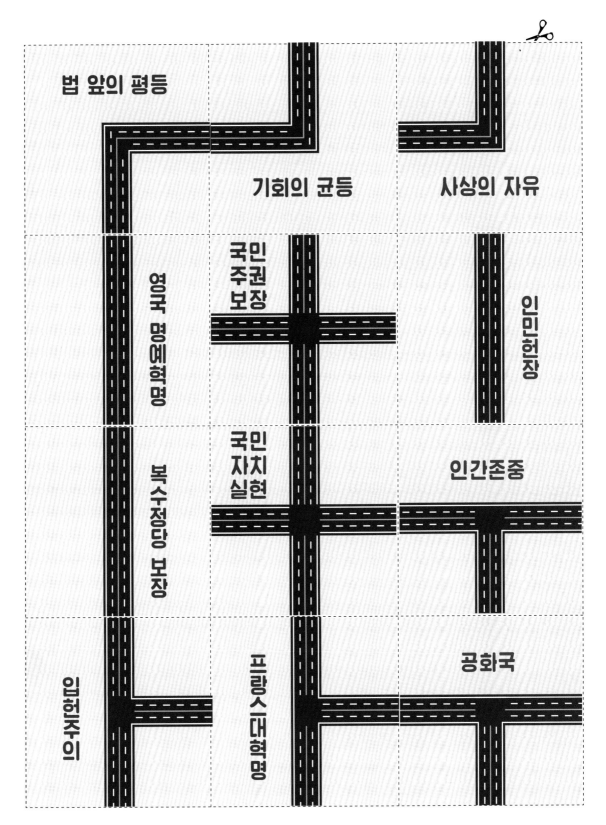

법 앞의 평등

기회의 균등

사상의 자유

영국 명예혁명

국민 주권 보장

인민헌장

복수정당 보장

국민 자치 실현

인간존중

입헌주의

프랑스대혁명

공화국

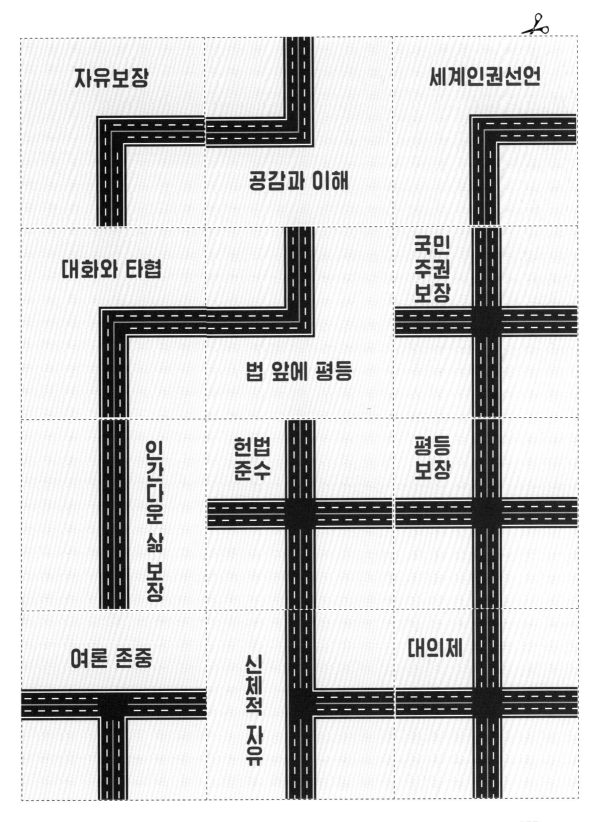

자유보장

세계인권선언

공감과 이해

대화와 타협

국민
주권
보장

법 앞에 평등

인간다운 삶 보장

헌법
준수

평등
보장

여론 존중

신체적 자유

대의제

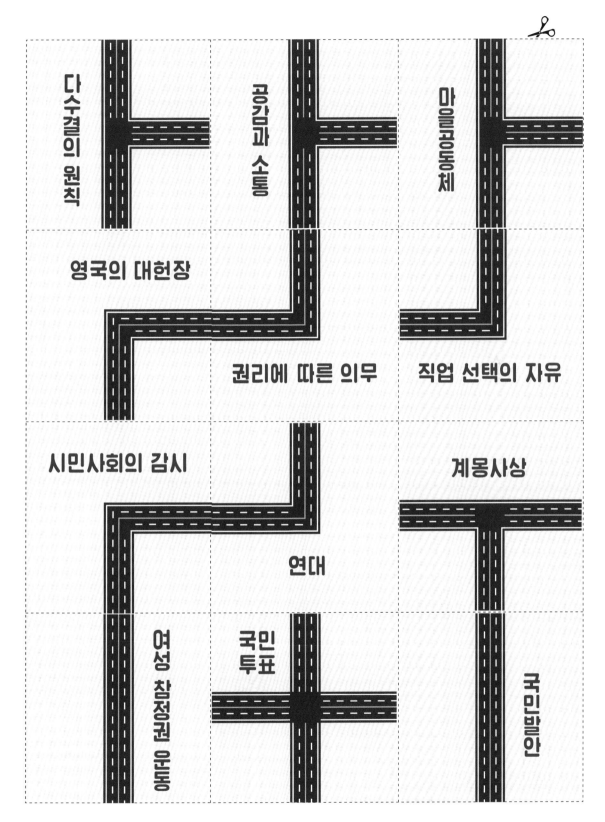

다수결의 원칙

공감과 소통

마을공동체

영국의 대헌장

권리에 따른 의무

직업 선택의 자유

시민사회의 감시

계몽사상

연대

여성 참정권 운동

국민투표

국민발안

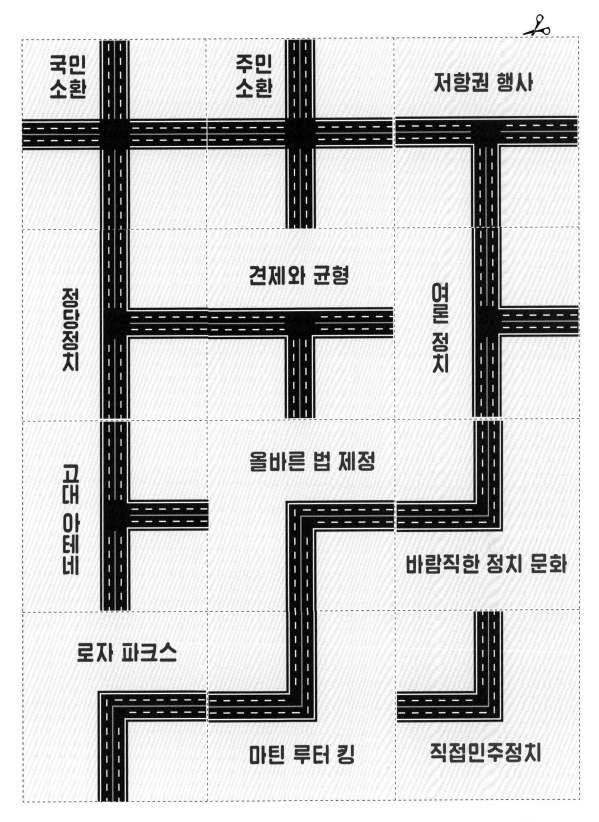

국민 소환

주민 소환

저항권 행사

정당정치

견제와 균형

여론 정치

고대 아테네

올바른 법 제정

바람직한 정치 문화

로자 파크스

마틴 루터 킹

직접민주정치

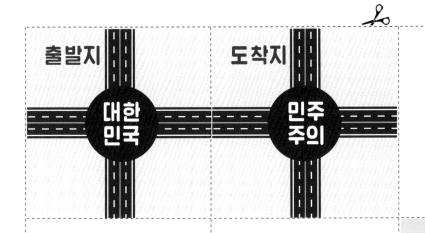

출발지 **대한민국**

도착지 **민주주의**

도편추방제

당신을 민주주의
실현 과정에서
배제합니다.

도편추방제

당신을 민주주의
실현 과정에서
배제합니다.

도편추방제

당신을 민주주의
실현 과정에서
배제합니다.

침묵 해제

대화 참여

도편추방제

당신을 민주주의
실현 과정에서
배제합니다.

도편추방제

당신을 민주주의
실현 과정에서
배제합니다.

침묵 해제

대화 참여

침묵 해제

대화 참여

침묵 해제

대화 참여

침묵 해제

대화 참여

아고라 당신을 민주주의 실현 과정에 다시 참여시킵니다.	**아고라** 당신을 민주주의 실현 과정에 다시 참여시킵니다.	**아고라** 당신을 민주주의 실현 과정에 다시 참여시킵니다.
아고라 당신을 민주주의 실현 과정에 다시 참여시킵니다.	**아고라** 당신을 민주주의 실현 과정에 다시 참여시킵니다.	**아고라** 당신을 민주주의 실현 과정에 다시 참여시킵니다.
아고라 당신을 민주주의 실현 과정에 다시 참여시킵니다.	**아고라** 당신을 민주주의 실현 과정에 다시 참여시킵니다.	

강제 침묵

강제 침묵

찬스

3장의 카드 가져오기

찬스

3장의 카드 가져오기

찬스

3장의 카드 가져오기

찬스

3장의 카드 가져오기

시민혁명

원하는 길 파괴

시민혁명

원하는 길 파괴

시민혁명

원하는 길 파괴

시민혁명

원하는 길 파괴

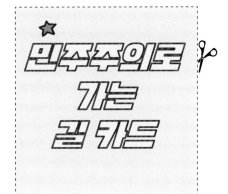

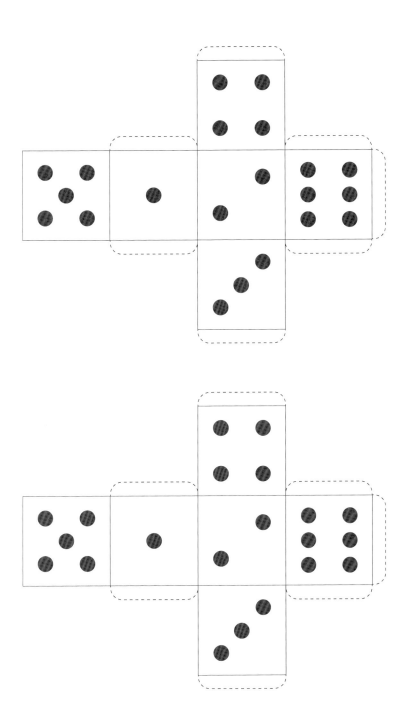